Heidi Wächter ist als Sängerin, Lehrerin, Dirigentin und Dozentin unterwegs, um PR für Gott zu machen. Sie lebt in Tübingen zusammen mit ihrem Mann, dem Musikproduzenten Kay Wächter. Das Ehepaar Wächter hat drei erwachsene Söhne. Das Leben der Wächters ist so gewöhnlich, dass jeder sich darin wiederfinden kann, und trotzdem so unendlich interessant und erlebnisreich, dass dieses unterhaltsame Buch entstand. Dieses Buch lädt ein, einen Blick hinter die Kulissen des eigenen Lebens zu werfen, um somit ein noch klareres Bühnenbild seiner selbst zu bekommen und abzugeben.

Was das Herz singen lässt
Heidi Wächter

Impressum

(c) Heidi Wächter, www.heikaymusic.de
Design und Satz: Heidi Wächter
Fotos: Privat
Lektorat: perfekt korrekt, Ulm
ISBN 978-3-00-047202-2

Vorwort

Hey, ich bin Heidi und mir ist es am liebsten, wenn du „du" zu mir sagst. Vielleicht kennen wir uns und haben uns schon einmal gesehen? Bei einem der Kindergärten oder einer der Schulen der Kinder? Bei Lehrgängen, die ich besuchte oder hielt? Bei Gottesdiensten, Konzerten, Konferenzen, Beerdigungen, Hochzeiten, Chören, in Tonstudios? Vielleicht war es auch eher eine Begegnung durch eines meiner Bücher oder Tonträger, durch Radio oder Fernsehen? Jedenfalls haben wir etwas gemeinsam. Dass wir uns hier begegnen, ist kein Zufall. Du bereicherst mein Leben, denn du liest dieses Buch. Dafür danke ich dir. Und – ich bin sehr zuversichtlich, dass dieses Buch auch dir gut tun wird.

„Denke nicht zu gut von mir, ich bin dir ähnlicher als du dir vorstellen kannst. Deswegen benötige ich Jesus. Empfehlenswert!" Dieser Spruch zierte meine Visitenkarte zu der Zeit als ich das Abitur machte. Ich wollte damals wie heute darauf hinweisen, dass ich abhängig bin von der Gnade Gottes.

Wer dieses Buch liest, wird sicher Parallelen zu seinem eigenen Leben sehen. Ich erzähle dir aus meinem Leben und so fallen dir Begebenheiten aus deinem Leben ein. Ich versuche die Dinge, die ich erlebt habe, auf den Gesang zu beziehen und beides, Erlebtes und Gesang, miteinander zu verbinden. Gemeinsam wecken wir dadurch den Dank, die Freude und den Gesang in uns. Dies alles steigt zu Gott empor und Er bekommt die Ehre!

Jedes Erlebnis hat mindestens zwei Seiten. Ich betone in diesem Buch das Gute. Die negative Seite ist jedoch selbstverständlich auch vorhanden. Trotzdem gehe ich freudestrahlend durch die Welt. Dies tat ich nie, um jemanden zu täuschen, sondern um mich selbst und die Welt zum Singen zu animieren. Man kann jede Situation von der schweren oder der leichten Seite betrachten. Somit hoffe ich auch jetzt, Gesang, Dank und Freude in deine Alltagsnot zu bringen.

Mein Lebensziel war schon immer und ist nach wie vor: Gospel, das Evangelium, an eine stetig wachsende Anzahl von Menschen weiterzugeben.

Ich verbreitete das Evangelium oft durch Lieder. Lieder begleiten mein Leben. Sie waren und sind stets eine große Quelle der Ermutigung für mich. Die Lieder meines Ehemannes, Kay Wächter, haben natürlich einen besonderen Stellenwert in meinem Leben. Bei den meisten war ich bei der „Geburt und Erziehung" dabei. Wer die im Folgenden niedergeschriebenen Liedtexte nicht nur lesen will, kann die Lieder über die angegebenen Links im Internet hören.

Inhaltsverzeichnis

Familiärer Hintergrund

Ich komme aus einer norwegischen Durchschnittsfamilie, Ende der Sechzigerjahre. Lauthals wurde die Befreiung von Traditionen und überholten Normen eingefordert. Elvis und die Beatles gaben aus allen Lautsprechern ihr Bestes. Mein Vater hatte eigenhändig das Einfamilienhaus der Familie gezeichnet und gebaut. Es war neu und modern, mit einem großen Garten. Meine Heimatstadt liegt am Polarkreis, in der Mitte Norwegens. Das Meer war auch im Sommer zu kalt, um darin baden zu können. Aber Erdbeeren, Kartoffeln, Johannisbeeren wie auch viele Blumen, konnten hier gut wachsen. Nur Korn und Obst hatten keine Überlebenschance. Die Kreuzotter auch nicht, und das war ein Glück für mich. Ich zog meine Beine am Stuhl hoch, sobald jemand von diesen Tieren sprach. Man sollte also niemals einen Scherz mit mir machen, indem man mir eine Schlange in irgendeiner Form schenkt!

Meine Eltern

Meine Mutter war Hausfrau bis ich ins Teenageralter kam. Sie machte dann eine kaufmännische Berufsausbildung und arbeitete in diversen Bürojobs. Mein Vater war Lehrer. Mein Geburtsort ist 1.200 km von Vaters Verwandtschaft und 1.000 km von der Verwandtschaft mütterlicherseits entfernt. Deshalb wurde wohl die Kirchengemeinde vor Ort nicht nur zum Freundeskreis, sondern auch zur Familie.

Meine Eltern lebten vernünftig, wie anständige Bürger. Sie waren freundlich und setzten sich für das Wohl der Stadt ein. Ich erlebte viel Liebe, Wärme und Geborgenheit. Dem Anschein nach war unsere Familie ziemlich perfekt und intakt, aber gleichzeitig war sie, wie jede andere Familie, mit Menschen bestückt, die eben nie nur das Gute ausstrahlen können. Ich war mir jedoch immer sicher, dass meine Eltern nie auseinandergehen und mich nie verstoßen werden.

Ich bin so dankbar für meine Eltern. Gott hat mir durch sie mein Leben geschenkt. Ohne all die Dinge, die meine Eltern in mich investiert haben, könnte ich nicht dieses reichhaltige Leben führen. Ich trage Erbgut von ihnen und vorhergehenden Generationen in mir. Dies ist ein unendlich großer Reichtum, ein unbezahlbares Geschenk. Väterliche Kraft, Durchsetzungsvermögen, Schutz und Segen sind nötig, um kraftvoll durchs Leben gehen zu können. Ebenso ist der Segen der Mutter in ihrer Liebe, Anpassungsfähigkeit, ihrem Loslassen und Gebet unerlässlich.

Lied: Irish blessing

May God give you for ev´ry storm a rainbow.
May God give you for ev´ry tear a smile,
for ev´ry care a promise and a blessing in each trial,
for ev´ry problem life sends a faithful friend to share.

May God give you for ev´ry sigh a sweet song.
May God give you an answer for each prayer.

(c) 2012 Kay Wächter, www. heikaymusic.de
T.+M.: Kay Wächter
Dieses Lied kann man hier hören:
http://youtu.be/WL01_ZSfHbE

Meine Eltern versuchten sieben Jahre lang, Mutter und Vater zu werden, doch ohne Erfolg. Dann adoptierten sie meinen Bruder. Die Hoffnung auf eigene Kinder hatten sie fast aufgegeben, als ich drei Jahre später, auf natürlichem Wege, das Licht der Welt erblickte.

Ihre Freude war natürlich sehr groß, als der Arzt sie mit folgenden Worten überraschte: „Ich glaube, Ihre Frau ist schwanger". Sie hatten ja geglaubt, sie seien zeugungsunfähig.

Meine Eltern baten Gott jahrelang um Nachwuchs. Ich bin also eine Antwort auf ihre Gebete, ein Geschenk von Gott, ein

Wunder. Jedes Kind ist ein Geschenk von Gott und ich bin froh, dass meine Eltern es auch so sahen. Sie segneten mich und brachten mich so von Anfang an in Kontakt mit Jesus.

Lied: Jesus, du bist der Anfang und das Ende

Jesus, du bist der Anfang und das Ende.
Jesus, du öffnest mir die Tür.
Die weiten Arme deiner Liebe neigen sich herab zu mir.

1. Im kleinen Stall von Bethlehem wirst du das Licht der Welt.
Mit deiner großen Herrlichkeit hast du die Nacht erhellt.

2. Dein Leben soll mein Vorbild sein.
Dein Handeln sei geehrt.
Mit deiner großen Freundlichkeit, gibst du mir neuen Wert.

3. Es gibt keinen außer dir, der meine Seele heilt.
Mit deinem Tod auf Golgatha hast du die Welt befreit.

4. Du schenkst dem Leben Ewigkeit.
Die Freude singt in mir.
Mit meiner großen Dankbarkeit, knie ich jetzt vor dir.

(c) 2010 Janz Musikverlag, adm. by Gerth Musikverlag, Asslar
T.: Alexandra Ziegler, M.: Kay Wächter
Dieses Lied ist auf der CD „Joy to the world" zu hören.

Warum leben wir?

Gott liebt Kinder. Kinder sind für Ihn eine Freude und sie werden bedingungslos geliebt - weil sie Menschen sind. Gott liebte mich bereits vor meiner Geburt und Er wollte, dass es mich in dieser Welt geben sollte. Deswegen bin ich da. Ich vergleiche den Sinn des Lebens mit der Rolle der Erde im Sonnensystem. Obwohl die Erde sich um ihre eigene Achse dreht, ist sie nicht der Mittelpunkt unseres Sonnensystems. Die Erde dreht sich um die Sonne! Die Sonne ist der Mittelpunkt unseres Sonnensystems. In ähnlicher Weise, glaube ich, ist jeder Mensch dazu geschaffen, einfach zu leben, Mensch zu sein und gleichzeitig auch für Gott zu leben und Ihn zu ehren, sich um Ihn als Mittelpunkt zu drehen.

Mein selbsterklärtes Lebensziel ist, Gott zu ehren. Ihn anzubeten, zu lieben, Ihm zu dienen, das Evangelium zu verbreiten. Einfach Mensch zu sein, ohne ständig etwas zu leisten, gehört natürlich auch dazu.

Doch soweit ich zurückdenken kann habe ich versucht, andere Menschen zu erfreuen, ihnen zu helfen und sie gewissermaßen vor unangenehmen Dingen zu schützen. Dies ist eigentlich gut, aber bei mir war es manchmal zu viel des Guten. So lebte ich jahrelang das Muster des helfenden „Welt-Retters". Das war eine (über)große Aufgabe in meinem Leben gewesen. Mit der Zeit wollte ich immer mehr Menschen glücklich machen. Um das Bild von der Erde und der Sonne nochmals zu nutzen: Ich vergaß von Zeit zu Zeit mich um meine eigene Achse zu drehen. Die Folge war, dass eine Seite des Lebens überhitzte und die andere Seite zu Eis wurde.

Die gute Nachricht, die die Achse in Schwung bringt: Ich bin nicht verantwortlich für die Freude anderer Menschen. Ich nehme mit gutem Gewissen mein unbewusstes Versprechen zurück, andere Menschen glücklich zu machen und die Welt retten zu müssen. Nur Jesus kann das und ich übergebe uns alle Seiner Gnade! Während ich mich um meine eigene Freude kümmere, tanze ich ständig um Gott herum. Er ist das Zentrum in meinem Sonnensystem. Ich tanze mit Ihm und für Ihn.

Was hat das mit dem Singen zu tun?

Durch meine Arbeit als Gesangslehrerin, Sängerin, Dirigentin und Dozentin erlebe ich, dass die Gesangstechnik immer wieder an Grenzen stößt. Deshalb wäre ich zusätzlich gerne Psychologin und Theologin. So könnte ich den Menschen zu besserem Singen verhelfen. Die eigene Lebensgeschichte schwingt immer in der Stimme mit. Leben ist Musik und Musik ist Leben. Ich spreche nicht nur von Dur oder Moll, Tempo, Melodien, Rhythmen und Dynamik, sondern auch von Erlebnissen und Gedanken, die die Töne im Hals ersticken lassen - im Gegensatz zu all dem, das uns singen und schwingen lässt. Ich erzähle meine Lebensgeschichte hier in der Hoffnung, dass du Parallelen zu deinem eigenen Leben findest, Erlebnisse und Gedanken aufarbeitest, und dass du dadurch öfter und angenehmer musizieren kannst.

Verstecke dich nicht! Jeder Mensch, auch du, soll leben und genau hier sein. Wenn du versuchst dich klein oder unsichtbar zu machen, hört man dich meist auch schlecht. Du sollst hörbar und sichtbar sein. Ich spreche dir Mut zu, diese Rolle im Leben und beim Singen einzunehmen.

Mädchen und Frau

Unsere erste Rolle im Leben ist die des Geschlechts. Besonders wichtig ist meine Identität als Mädchen. Gott wollte eine Tochter haben. Mich! Er wollte MICH haben. Er findet mich wunderschön - in jeder Hinsicht.

Lied: Bei dir bin ich willkommen

Bei dir bin ich willkommen.
Bei dir bin ich zu Haus.
Wenn ich doch am kleinsten bin
bedeute ich dir dennoch viel.
Ich bin eine Gabe, die du gegeben hast.
Ich darf leben, weil du mir Leben gabst.
In deiner Hand darf ich geborgen sein.

Du denkst nur Gutes über mich.
Gedanken des Friedens begleiten mich.
Du bist ein Vater, der seine Kinder liebt.

(c) 2003 Janz Musikverlag adm. by Gerth Medien Musikverlag, Asslar
T.+ M.: Kay Wächter
Dieses Lied ist auf der CD „Halleluja@Jesus" und hier zu hören:
http://youtu.be/PtZN46ZQZmk

.....Sängerimpuls 2
Was hat das mit dem Singen zu tun?

Singst du weiblich? Singst du männlich? Jeder Mensch hat viel Weibliches und Männliches in sich und kann es je nach Situation und Liedgut gewinnbringend einsetzen. Stehe trotzdem zu deinem Geschlecht und koste es aus. Genieße die Vorteile, die dein Geschlecht für das Singen mit sich bringt. Das männliche Durchsetzungsvermögen ist mit etwas mehr Härte verbunden, das weibliche Warten, Entspannen und Vertrauen mit etwas mehr Sanftheit.

Wer beispielsweise seinen Bauch nicht leiden kann, bekommt schnell Probleme mit der Atmung. Wer den Bauch oder sonstige gefühlte Defizite versteckt, verliert dabei viel von der nötigen Beweglichkeit und Freiheit beim Singen. Der Bauch muss sich sichtbar bewegen, sonst kann man nicht „gesund" atmen. Die Atmung ist der Motor, um die Stimmlippen in Schwingung zu bringen. Wenn der Motor stolpert, singt man auch schlechter.

Stärke

Zurück zum Anfang: Bereits der allererste Lebensabschnitt im Bauch der Mutter ist wichtig für die Entwicklung eines Menschen. Das Baby ist mit der Mutter viel enger verbunden, als nur durch die Nabelschnur. Beispielsweise die Geborgenheit, die meine Mutter in Gott erlebte, umgab auch mich.

Lied: Von allen Seiten umgibst du mich

Ob ich sitze oder stehe,
ob ich liege oder gehe,
du bist da,
bist mir nah,
begleitest mich an jeden Ort.

Von allen Seiten umgibst du mich,
hältst deine Hand über mir.

Wie könnte ich mich dir entziehen?
Wohin könnte ich fliehen?
Du bist da,
bist mir nah,
du findest mich an jedem Ort.

(c) 2005 Hänssler Verlag, Holzgerlingen
T.+M.: Kay Wächter
Dieses Lied ist auf der CD „Du umgibst mich" und hier zu hören:
http://youtu.be/UN1gBjMx3lY

Allerdings wurden auch die Ängste meiner Mutter sehr früh ein Teil von mir. Während der Zeit, in der sie mit mir schwanger war, ging es ihr körperlich schlecht. Sie sagte oft: „Das Leben ist schwer, ein harter Kampf." Wenn meine Mutter sich mit anderen verglich, fühlte sie sich schwach und ohnmächtig.

Auch ich kämpfte später im Leben oft gegen eine für mich unverständliche Ohnmacht, bis ich diesen Zusammenhang entdeckte. Anstatt mich wie ein Opfer zu benehmen und in Selbstmitleid zu versinken, durfte ich, genauso wie meine Mutter, bewusst Gottes Stärke für mein Leben in Anspruch nehmen und somit auch Ehrgeiz und Zielstrebigkeit.

Lied: Du bist meine Stärke

Du bist meine Stärke.
Du bist meine Kraft,
die Freude meines Lebens,
die Hoffnung, die ich hab´.

Sei der Herr in meinem Leben.
Schaff in mir ein reines Herz.
Sei der Herr in meinem Leben.
Erfülle du mich ganz.

Was ich hab´ will ich dir geben.
Ich bin reich, weil ich dich hab´.
Nimm mein Herz und mein Leben,
mein Geschenk an dich!

(c) 2003 Janz Musikverlag adm. by Gerth Medien Musikverlag, Asslar
T.+M.: Kay Wächter
Dieses Lied ist auf den CDs „Gott kann" und „Halleluja@Jesus"
sowie hier zu hören:
http://youtu.be/7i2mVXp-ThM

Was hat das mit dem Singen zu tun?

Was auch immer dich kämpfen lässt, lasse es los! Das Singen und das Leben generell sind ein Genuss. Klar, jeder Mensch muss arbeiten und kommt von Zeit zu Zeit ins Schwitzen, aber es wird nie Musik aus deinem Gesang, bevor du nicht deinen Kampf loslässt. Dies ist eine Voraussetzung für eine offene Kehle. Die Anstrengung im Leben darf die Kehle nie über längere Zeit zuschnüren.

Wenn es dir in Herz und Seele klar ist, dass du tatsächlich stark bist, dass du deine Herausforderungen meistern wirst, dass du etwas Wertvolles zu geben hast, wird das Kämpfen überflüssig. Baue deshalb deine innere Stärke auf und deine Kehle wird sich leichter öffnen.

Heute bin ich über den Kampfgeist meiner Mutter froh, der auch in mir lebt. Meine Geburt war schwer und lebensbedrohlich, doch wir siegten! Jeder Morgen ist ein Neuanfang. Ich entscheide mich jeden Tag neu für den Sieg, für das Leben. Ich sage zu ungesundem, selbstvernichtendem Verhalten „nein". Herausforderungen sind dazu da, um mich und uns wachsen zu lassen. Wenn mir das Leben schwer erscheint hilft es mir, mein Denken darüber zu ändern. Ich tausche die Last täglich ein gegen Leichtigkeit, Lebenslust, Tatkraft und Neugier auf das Leben.

„Wie geht das?", fragst du nun vermutlich. Ich singe! Gesang ist so sehr heilsam. Die Stimme verrät alles darüber, wie es mir geht. Wenn ich zu rational und kopflastig lebe, verleihen mir die Töne Zugang zu meiner Seele und zu meinen Gefühlen. Die Lieder, die mir stets einfallen, verraten mir etwas von dem, was im unbewussten Teil meines Gehirns vor sich geht.

Lied: The Lord is my life

The Lord is my life!
The Lord is my salvation.
Whom shall I fear?
Whom shall I fear?
The Lord is a stronghold all of my life.
Of whom shall I be afraid?

When my enemy attacks me they will stumble, they will fall.
If an army would surround me my heart will not fear.

Evil men advance against me.
They will stumble, they will fall.
When a war breaks out against me my heart will not fear.

(c) 2009 Janz Musikverlag adm. by Gerth Medien Musikverlag,
Asslar
T.+M.: Kay Wächter
Dieses Lied ist auf der CD: „He fills my heart" und hier zu hören:
http://youtu.be/e-kdklnRCxs

Dieses Lied ist eine Vertonung von Psalm 27,1-3: Der Herr ist mein Licht. Er befreit mich und hilft mir. Darum habe ich keine Angst. Bei Ihm bin ich sicher wie in einer Burg. Darum zittere ich vor niemandem. Wenn meine Feinde mich bedrängen, wenn sie mir voller Hass ans Leben wollen, dann stürzen sie und richten sich zugrunde. Mag ein ganzes Heer mich umzingeln, ich habe keine Angst. Auch wenn es zum Kampf kommt; ich bleibe ruhig.

Ich schreibe! Wenn mir meine Gedanken und Gefühle ein Rätsel sind, hilft es mir, sie zu Papier zu bringen. Das gibt mir Klarheit und ich verstehe besser, was in meinem Leben dran ist und was ich tun soll. Ich achte darauf, dass die Worte, die ich von mir gebe, wahr sind. Meine Worte spiegeln stets meinen Jetzt-Zustand, meine Gefühle, wider. Zusätzlich achte ich darauf, Worte zu sagen, zu sprechen und zu schreiben, die mit der Bibel übereinstimmen. Fast täglich korrigiere ich Unwahrheiten und

Überzeugungen, denen Gedanken vorausgehen, die schmerzhafte Gefühle verursachen. Die Trauer, die Wut, der Hass, der Neid, die Angst tauchen immer wieder in mir auf. Doch wenn ich diese Gefühle ausgedrückt habe, konfrontiere ich mich mit „Gottes Sicht" der Dinge. Ich glaube eben, dass das, was in der Bibel geschrieben steht, Gottes Sicht der Dinge ist.

Ich lese! Ich lese in der Bibel, ich lese „schlaue" Bücher. Wenn mir etwas besonders wichtig erscheint, lese ich laut oder, noch besser, ich singe den Text! Ich bringe anderen den Text bei. Ich übe Lieder mit wichtigem Text mit Chören ein und wiederhole somit laut und deutlich den wichtigen Text viele Male.

Das tut so, so gut!

Frühe Kindheit

In der Zeit als ich zwischen null und sieben Jahre alt war, war ich meist zu Hause. Neben musikalischer Früherziehung und Besuche unserer Kirchengemeinde hatte ich keine festen Termine außer Haus. Ich besuchte andere Kinder und sie besuchten mich. Die Erinnerung an meine frühe Kindheit ist die einer heilen Welt. Um mich herum war Ruhe und Geborgenheit, Hetze und Stress gab es bei uns nicht. Meine Eltern kümmerten sich liebevoll um mich.

Obwohl sich kaum ein Mensch bewusst an etwas aus den ersten Lebensjahren erinnern kann, wird hier die Grundlage des Vertrauens gelegt.

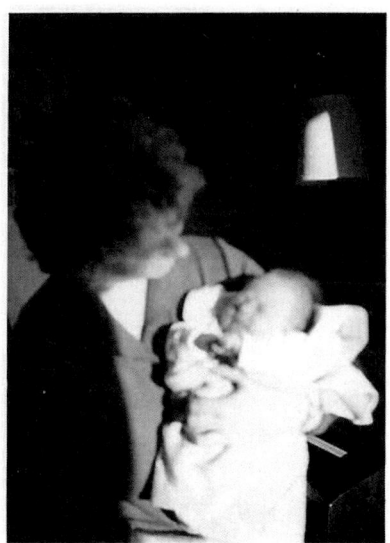

Bild 2 und 3: Die ersten Bilder von mir. 1967

Überreich beschenkt

Ein neugeborenes Baby isst und schläft die meiste Zeit. Umsorgt, geliebt und geknuddelt lernte ich Vertrauen. Ein Baby bekommt, was es im Leben benötigt. Es ist reichlich von allem da! Trotzdem fühlte und dachte ich oft, dass mir dies und jenes zum Leben fehlte. Das stimmte natürlich nie, denn sonst wäre ich ja bereits tot. Demnach handelte es sich um einen Denkfehler. In Zeiten von gefühltem Mangel an Gesundheit, an Zeit, an Kunden, an Geld, an Offenbarung oder an Frucht denke ich bewusst daran, dass ich Gottes Kind bin. Er versorgt mich! Durch mein Vertrauen in Gottes Fürsorge und Versorgung zeigt Er mir, wie reich ich bin. Es ist immer genug für mich da. Genug Kraft, genug Essen, genug Geld, genug Kunden. Ich werde keinen Mangel haben.

....Sängerimpuls 4
Was hat das mit dem Singen zu tun?

*Reich gesättigt an Körper, Seele und Geist klingt Vertrauen in der Stimme mit. Harmonie, Frieden, Ruhe, aber auch Mut werden hörbar, wenn du dich geliebt und geachtet fühlst. Ein gefühltes Defizit kann durch Erlebnisse und Erfahrungen entstehen, die man als kleines Kind macht, beispielsweise durch einen starren Vier-Stunden-Still-Rhythmus. Hier steht nicht das Bedürfnis im Vordergrund, sondern eine "Taktung". Du kannst jedoch deinen gefühlten Mangel durch Reichtum ersetzen. Denke so und sprich es aus: Ich bin reich und besitze alles was ich benötige, um schön singen zu können. Zeit, Geld, Energie, Begabung. „Name it and claim it!". Du hast alles was du brauchst, um eine gesunde Entwicklung deiner Stimme zu erleben. Du bist gut genug - in jeder Hinsicht.
Deine heutige Entwicklungsstufe ist gut, genau richtig und passend. Was du morgen sein sollst, ist erst morgen gefragt.*

Beachtenswerte Gefühle

Wie jedes Kind musste auch ich erzogen werden. Doch meine Eltern erzählen, dass ich ein sehr folgsames Kind war. Es machte mich glücklich, andere glücklich zu machen. Was ich selbst vorhatte, wollte und fühlte, war zweitrangig für mich. Folglich hatte ich recht viel zu tun und ich bemerkte nicht immer, wenn ich meinen Körper überforderte. Von Zeit zu Zeit konnte ich nicht einmal wahrnehmen, was ich selbst fühlte, wollte und benötigte.

Doch die Gefühle sind wichtig! Sie sind absichtlich und gut gemacht. Man muss die eigenen Gefühle kennen, um zu wissen was einem gut tut und was nicht. Sie sind die Grundlage für alles Vertrauen im Leben, für alle gesunden Beziehungen und die Grundlage dafür, innere und äußere Grenzen zu kennen.

So bin ich immer noch am Lernen. Meine Umwelt bringt mir ständig Neues bei. Dabei versuche ich, meine Gefühle zu filtern und zu sortieren - was tut mir gut, was sollte ich lieber sein lassen. Ich mache oft Halt und fühle nach, ob dies oder jenes richtig ist für mich, wenn nicht, sind meine Muskeln hart. Wenn es jedoch richtig ist, sind sie weich und somit entspannt.

Wenn ich anderen etwas beibringe gilt dasselbe: Ich will niemanden überfordern und gleichzeitig jeden fördern, seine Gaben maximal zu entfalten. Aber Druck? Nein! Die Balance zwischen Anregung und Frieden im Leben muss stimmen.

Ich muss nur das tun, was für mich richtig ist und nur das, wozu ich Kraft habe. Alles andere wird später erledigt, wenn überhaupt. Es geht hier nicht um meine eigenen Gesetze, sondern um Unterordnung unter ein göttliches Prinzip. Ich vertraue, dass alles Gute, das mir geschehen soll, geschehen wird, ohne einen von mir festgelegten Zeitrahmen und ohne eine Fixierung auf bestimmte Personen. Ich darf aus der Fülle leben, die Gott für mich bereithält.

Die Bibel spricht von Jesus als dem Friedefürst. Ein Fürst regiert. Jesus wohnt in mir als ein Fürst, der mit Frieden regiert. In Ihm finde ich meine Balance und mein Gleichgewicht.

Lied: Dein Friede

Dein Friede strömt in mich hinein.
Ich werde ruhig, Herr in dir.
Es weicht die Angst,
die Sorgen flieh´n.
Du bist so nahe, Herr, bei mir.

Von allen Seiten umgibst du mich
und segnest mich mit deinem Frieden,
bewahrst mein Herz und meinen Sinn.
Herr, meine Hoffnung ruht in dir.

(c) 2000 Janz Musikverlag im Musikverlag Klaus Gerth, Aßlar.
T.+M.: Kay Wächter
Dieses Lied ist auf den CDs „In deiner Gegenwart“ und „Ich will anbeten 1“ und hier zu hören:
http://youtu.be/W7widRoqx1k

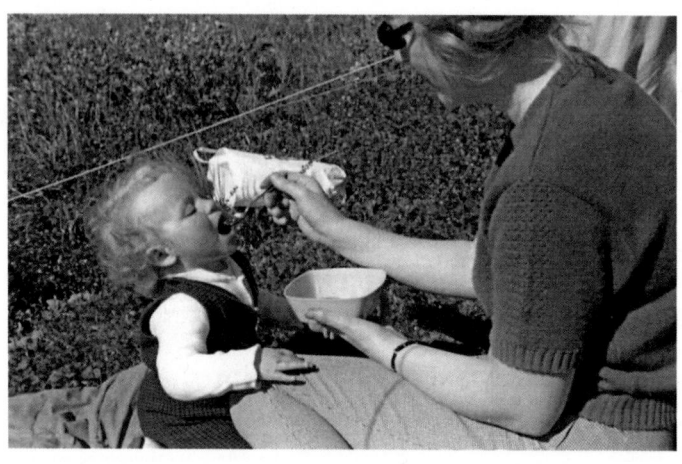

Bild 6: Ich habe immer Süßes gemocht. 1968

Was hat das mit dem Singen zu tun?

Jeder kann fühlen, nicht nur sogenannte emotionale Menschen. Doch die eigenen Gefühle kann man unter Leistungsdruck und Stress vergraben. Ich lernte weniger zu tun und langsamer zu leben, um meine eigenen Gefühle wieder fühlen zu können. Begebenheiten in der Kindheit, in denen man sich unter Druck fühlte, können einen auch als Erwachsenen noch nachhaltig antreiben. Diesen "blinden Gehorsam" sollten wir jedoch mit zunehmender Reife ablegen. Denke, fühle und entscheide selbst, wie du deine Musik ausdrückst. Unabhängig davon, was das Notenblatt sagt.

Gesang ohne Gefühle ist keine Musik und erreicht weder das eigene Herz noch das Herz der Zuhörer. Man kann nicht überzeugend über Trauer singen, ohne selbst den Tränen nahe zu sein. Lieder des Dankes klingen tol, wenn du keine aktuelle Situation im Sinn hast, in der du ohne Hilfe verloren gewesen wärst.
Lerne dein Lied so gut wie möglich auswendig, damit du dich auf den Inhalt und das Gefühl konzentrieren kannst. Das Ablesen fesselt deine Aufmerksamkeit an Buchstaben und Symbole. Dies verleiht deinem Gesang einen „mechanischen" Ausdruck. Erst das Vermitteln von echtem Leben, samt Gefühlen, macht die Musik gut.

Bild 7: Meine Familie. 1968

Egal wie alt man wird, das kleine, bedürftige Kind steckt trotzdem tief im Inneren des Erwachsenen-Ich. Der Wunsch, dass andere mir helfen oder Dinge für mich erledigen, ist ein Verhalten aus der frühen Kindheit. Damals war die Abhängigkeit nötig, um zu überleben. Diese Hilflosigkeit kommt manchmal zurück als ein Gefühl aus einer vergangenen Zeit. Dann steht Abhängigkeit gegen Selbständigkeit, Hilflosigkeit gegen Befähigung, Ohnmacht gegen Stärke. Aber es sind keine wirklichen Gegner. Das Erwachsenenleben hat beides in sich. Selbst wenn der Körper groß und scheinbar erfolgreich geworden ist. Auch als Erwachsene darf man Menschen um Hilfe und Schutz bitten. Ob es einem gewährt wird, kann man nicht im Voraus sagen. Dass andere für uns da sind, ist ein Geschenk. So gesehen werden wir jeden Tag überreich beschenkt. Man denke nur daran, wie viele

Menschen zum Frühstück beigetragen haben: der Bauer, der Bäcker, die Leute im Laden, die Arbeiter auf den Kaffeebohnen-Plantagen, die Leute, die dafür sorgen, dass die Wohnung mit Wasser versorgt wird und viele mehr.

Meine Mutter hat mich liebevoll versorgt. Die Bilder zeigen wunderschön, wie gut meine Mutter ihre Arbeit tat. Sie zog mich schön an. Sie nähte die meisten Kleider selbst. Ich bin mir sicher, dass ihr Herz voll von Liebe und Gebet für mich war, als sie diese Kleidungsstücke fertigte. Süß sehen die roten Stiefel aus. Diese Stiefel bewahrte meine Mutter mehrere Jahrzehnte auf, als schöne Erinnerung. Ich bin sehr dankbar für die gute Zeit mit ihr.

Bild 8: Bei einem der vielen Ausflüge in die Natur. 1968
Bild 9: Unsere Puppenstube im Garten.1968

....Sängerimpuls 6

Was hat das mit dem Singen zu tun?

Üben musst du schon selbst. Egal ob wir von den Muskeln oder dem Aufbau eines gesunden Selbstwertgefühls sprechen, niemand kann diese Arbeit für dich tun oder dein Leben für dich leben. Von nichts kommt nichts. Wenn man nichts tut, um körperliche, seelische oder geistliche Muskeln aufzubauen, werden sie schlechter und verschwinden irgendwann ganz. Niemand kann ohne Muskeln singen. Ich bitte dich, trainiere fleißig und genieße die Frucht davon.

Der Klang deiner Stimme verrät sofort und symptomatisch, wenn etwas im System „Mensch" außer Balance geraten ist. Im Umkehrschluss wird eine Gesundung der Stimme zum Zeichen für einen gesunden Menschen.

Die Freiheit, ich zu sein

Zwischen meinem 18. und 36. Lebensmonat lag ich in Gips. Als ich mit 11 Monaten laufen lernte merkte man, dass ich sehr schnell ermüdete und dass ein leichtes Hinken zu sehen war. Eine Hüftdysplasie wurde festgestellt und ich wurde mit gespreizten Beinen in Gips gelegt. Dieser Gips reichte von den Zehenspitzen bis unter die Arme. Er gewann völlige Übermacht über mich und das ausgerechnet in der Zeit, in der ich von der Entwicklung her lernen sollte, meine eigenen Entscheidungen zu treffen und „nein" zu sagen.

Ab diesem Alter öffnet ein Kind sich immer mehr nach außen und lernt zum Beispiel, mit anderen Kindern in einer Gruppe zu spielen. Eine gesunde Grundlage für Selbstdisziplin, Rücksicht und Achtung in Beziehungen zu anderen Menschen wird gelegt. Ich war im Gips eingesperrt und angewiesen auf die Hilfe von anderen.

Meine Mutter erzählt, dass ich immer glücklich und ausgeglichen war, selbst in der sehr stark frustrierenden Zeit im Gips. „Sehe, was sie mir angetan haben", sagten meine Augen und Gesten als ich die Decke im Krankenhaus hoch hob, um meiner Mutter die Streckfessel zu zeigen, die mir die Ärzte angelegt hatten. Ich war ja noch ein Baby und hatte nicht so viele Worte zur Verfügung. Heute noch fehlen mir oft die Worte, um Gefühle auszudrücken. Aber ich bin gut darin, sie mit Mimik und Körpersprache zu zeigen. Zwei komplette Wochen musste mein Körper mechanisch und schmerzhaft gestreckt werden, bevor mir die Gipsfessel gemacht wurde. Diese begleitete mich durch 18 Monate meines jungen Lebens. Schrecklich! Aber alle Menschen um mich herum erlebten mich froh und zufrieden.

An zwei schlimme Ereignisse in dieser Zeit kann ich mich jedoch erinnern: Als der Gips, ich war drei Jahre alt, mir gerade abgenommen worden war, lag ich auf einer Trage, Fuß an Fuß mit einem anderen kleinen Kind. Meine Mutter sagte mir, ich sollte das andere Kind nicht mit den Füßen treten. Meine Muskeln waren durch die lange Zeit im Gips völlig unfähig irgendjemanden oder irgendetwas zu treten und ich konnte nicht verstehen, dass mich meine Mutter so wenig verstand, dass sie so etwas aussprechen konnte. Als ich nach Hause kam, hatten meine Eltern einen süßen Kinderstuhl als Überraschung für mich gekauft. Sie setzten mich in diesen Stuhl und ich rutschte wie ein Sack mit Reis auf den Boden. Ohne Muskeln kann man nicht sitzen. Ich musste alle Muskeln neu aufbauen, musste nochmals lernen zu laufen. Auch alles andere, das Kinder sonst tun, musste ich neu lernen.
Ein halbes Leben später lief ich durch den Wald und dachte darüber nach, was ich von diesem Lebensabschnitt wusste. Plötzlich konnte ich meinen Frust, meine Wut, mein Leiden und meine Trauer aus dieser Zeit körperlich fühlen. Die Zeit in Gips war keine Kleinigkeit, sondern eine große Wunde, die starke Folgen für mein Leben mit sich brachte. Ich trauerte nun über all das, was ich verloren hatte und erlebte Stück für Stück, wie neue Zuversicht daraus entstand. Ich musste damals meine Freiheit abgeben und ich holte sie mir jetzt zurück, weil sie mir gehört.

Die Freiheit, ich zu sein, ist absolut nötig, um effektiv denken und Probleme lösen zu können. Nur wenn ich die Freiheit habe, ich zu sein, kann ich Beziehungen führen, die auf gegenseitigem Geben und Nehmen beruhen.

Lied: Irgendwie, irgendwann

Irgendwie, irgendwann, zur richtigen Zeit
siegt immer Gottes Gerechtigkeit.

Gott ist auf unserer Seite.
Wer könnte gegen uns sein.
Gott ist auf unserer Seite.
Er lässt uns nie allein.
Gott lässt uns niemals hängen.
Er lässt uns nie im Stich.
Gott ist auf unserer Seite.
Er kämpft für dich und mich, für dich und mich.

Gott hilft uns in der Not
und aus der Not heraus.
Darum geben wir ihm einen riesigen Applaus.

(c) Waechter-Media Thomas Wächter, www.waechter-media.de
T.: Gabriele Wächter, M.: Kay Wächter
Dieses Lied ist auf der CD „Kidz sind vips" zu hören.

Bild 10: Eines der wenigen Fotos mit Gips, die es gibt.
Der Gips ist so gut versteckt, dass man ihn kaum erkennen kann. 1969

Was hat das mit dem Singen zu tun?

Es ist gut, verschiedene Musikstile auszuprobieren und verschiedene Sänger nachzuahmen. Man kann das vergleichen mit dem Anprobieren verschiedener Kleidungsstücke im Kaufhaus. Was stimmig, passend und gut ist, kaufst du vielleicht und dann gehört es dir.
Als Kopie eines anderen Menschen zu leben, ist jedoch viel zu „billig". Wenn Gott dich als Original geschaffen hat, warum sich dann zur Kopie erniedrigen? Jeder Mensch hat eigene Stärken, die sich ganz besonders im Gesang entfalten und widerspiegeln.

Was tun, wenn das dir stimmig Erscheinende gerade nicht möglich ist? Vielleicht träumst du von einer eigenen Band, aber gegenwärtig sind keine willigen Musiker in deiner Nähe. Dann soll es derzeit wohl nicht sein. Konzentriere dich darauf, was dir momentan möglich ist und ich bin mir sicher, du findest genug zu tun. Dein Glück hängt nicht von äußeren Umständen ab, sondern von deiner inneren Sättigung.

Bild 11: Seht, mein Bruder hat einen Fisch geangelt! 1973

Mein älterer Bruder fand mich unmöglich, irritierend und schlimm in jeder Hinsicht. Er meinte, ich hätte ein Pferdelachen und Kuhaugen. Ich war wegen der Hüftdysplasie bei physischen Aktivitäten zum einen langsam und zum anderen sehr schnell erschöpft. Er war sportlich, stark und schnell. Mich dabei zu haben, war schlichtweg ein Hindernis für ihn. Er war „Allesesser" und ich hatte eine Abneigung gegen sehr viele Nahrungsmittel. In der Gips-Zeit ernährte ich mich fast ausschließlich von Bananen.

Meine Mutter sagt, mein Bruder hätte mich häufig geärgert, aber daran kann ich mich kaum erinnern. Nur an eine Begebenheit, bei der ich mich von ihm geärgert fühlte, erinnere ich mich. Ich nahm als Antwort einen kleinen Kinderstuhl und hieb ihm diesen auf den Kopf. Meist stellte mein Bruder mehr an als ich, saß Strafen ab und bekam Schläge. Aber in diesem Fall hätte ich die Strafe verdient, denn der Stuhl, den ich auf ihn warf, verletzte ihn.

Beim Legobauen jedoch, einigten wir uns. Außerdem spielten wir im Wald zusammen Gottesdienst. Er predigte, ich sang und alle Tiere und Blumen bekehrten sich. Ich durfte sogar mit in seine Waldhütten, die er mit seinen Freunden gebaut hatte. Dort rauchten wir Fichtenmoos, in Zigarettenpapier gerollt, und husteten fürchterlich. Er segelte auf Eisschollen über den großen Fluss. Er baute einen so großen Staudamm in unserem Bach, dass der Bach drohte die komplette Straße nicht nur zu überfluten, sondern völlig mitzureißen. Er fuhr kostenlos kilometerweit mit dem Steinbeförderungsband. Er erforschte die unterirdischen Tunnel der städtischen Kanalisation und vieles mehr, was mir extrem gefährlich schien. Ich sang, ich backte Kuchen, ich malte, ich half im Haushalt. Auch ich baute mir Schlösser im Wald, sogar mit einem Bad. Der naheliegende Bach hatte eine Vertiefung als Badewanne, eine andere diente als Waschküche für Kleider und es gab auch eine Toilette mit Spülung.

Es war immer sauber und aufgeräumt in Haus und Garten. Diese Arbeiten erledigte Mutter. Sie war und ist kreativ und liebt Blumen über alles. Meine Mutter war Ruhepol und Streitschlichterin der

Familie. Sie war verständnis- und rücksichtsvoll, mutig und klug. Mein Vater reparierte alles was kaputt ging, deswegen sah es bei uns stets modern und ordentlich aus.

Meine Mutter hatte oft Schmerzen. Als Kind hatte sie häufig einen viel zu schweren Trog mit Holz getragen und bekam dadurch ein Rückenleiden, unter welchem sie ihr Leben lang litt. Irgendwie kam ich auf die verrückte Idee, dass ich Schuld war an den Schmerzen meiner Mutter. Ich hatte oft gehört wie schwer es war mich zu tragen, als ich den Gips hatte. Zudem fühlte ich mich wie eine Geschwindigkeitsbremse und dadurch als Spaßbremse für die ganze Familie. Kurzum, ich empfand mich, als ich ab dem Alter von fünf Jahren diese Geschichten hörte, als eine Last. Komplett irrational, aber welches Kind denkt rational in den ersten Lebensjahren? Folglich versuchte ich immer extra lieb zu sein und meinen Eltern Freude zu bereiten. Soweit ich mich erinnern kann, leistete ich stets eine Art Wiedergutmachung für all das Leid, das ich dachte, ihnen zugefügt zu haben. Deshalb strengte ich mich immer an, mehr zu leisten, schneller zu sein, mehr zu tun.

„Wenn ich groß bin werde ich Ärztin und helfe armen Leuten in Afrika", dachte ich in diesem Alter. Krankenschwester war auch eine Alternative. Ich führte Hunderte von „Operationen" durch. Ich präparierte meine Haut zunächst mit Toilettenpapier, welches ich mit Wasser benetzte. Diese Hautschicht konnte ich schneiden und einen darunter liegenden Strohhalm „operativ" entfernen. Bandagen und Salben in Hülle und Fülle wurden genutzt und meine Mutter gab mir einen Vorrat an Medizin in Form von Rosinen, Mandeln und Ähnlichem. Manchmal bekamen die Kranken sogar eine richtige Mahlzeit, auf einem Brett unter dem Tisch, unserem Krankenzimmer, serviert. Meine Mutter spielte häufig mit.

Ich erinnere mich, wie Mama meine Haare im Bad kämmte. Ich saß auf ihrem Schoß, sie bewunderte oft meine „Oma-Locke". Eine einzige, alleinstehende, von Oma geerbte Locke, mit krausem Haar, am Hinterkopf. Die restlichen Haare waren normale braune Locken, die meist am Hinterkopf halb

zusammengebunden waren. Die andere Hälfte hing lose auf meine Schultern. Ich weiß noch, wie liebevoll meine Mutter Kleider nähte. Nicht nur für mich und sich selbst sondern auch für meine Puppen. Sie machte oft aus demselben Stoff neue Kleidung für alle weiblichen Wesen im Haus.
Ich erinnere mich an den Duft von frischem Brot und Gebäck. Meine Mutter ließ es mich immer frisch probieren. Heute noch ist für mich frisches Gebäck gleichzustellen mit Liebe pur. Ich backe gerne um jemandem zu zeigen, dass ich ihn besonders lieb habe. Ich kann sehr gut backen.

Meine Mutter kochte jeden Tag gut, aber nicht gern, aufwendiges Mittagessen inklusive Nachtisch. Ich war wählerisch und aß sehr ungern. Oft versuchte meine Mutter mich mit List dazu zu bringen, etwas zu essen.

Meine schönste Erinnerung ist, wie meine Mutter laut für uns alle las. Sie war selbst zu Tränen ergriffen und führte uns in eine andere Welt durch ihre lebhaften Erzählungen.

Ich kenne niemanden, der so gute Kinderstunden halten konnte wie sie. Meine Mutter lud Kinder aus unserem Wohnviertel zur Kinderstunde zu uns nach Hause ein. Die Popularität dieser Kinderstunden wuchs und bald musste meine Mutter die Schule im Ort mieten. Aus einer Klasse wurden mehrere Sonntagsschulklassen, unterteilt in unterschiedliche Altersstufen. Ich erinnere mich sehr gut, wie sie sich stundenlang im Bad einschloss, um sich auf die Kinderstunden vorzubereiten. Zusätzlich nähte sie Mäppchen für Mal- und Bastelsachen der Kleinkinder, kaufte und bastelte rhythmische Instrumente und besuchte regelmäßig Fortbildungen. Meine Mutter wurde nie Lehrerin, wie sie es sich gewünscht hatte, aber sie hatte großen Erfolg mit der Sonntagsschule. Sie leistete dabei musikalische Früherziehung, vermittelte Kulturerbe durch die biblischen Geschichten und legte moralische Grundsteine in die Herzen der Kinder und auch in meines.

Lied: Der Herr ist mein Hirte

Der Herr ist mein Hirte,
mir wird nichts mangeln.
Weil er mein Hüter ist, mangelt mir nichts.

Wie ein Vater seine Kinder liebt,
so liebt Gott auch mich.

Wie ein Vater für seine Kinder sorgt,
so sorgt Gott für mich.

Er nimmt mich auf seine Arme
und trägt mich Tag für Tag.
Er stillt all meinen Hunger.
Er gibt mir was ich brauch.
Er hilft mir, dass ich nicht falle,
führt mich auf sichrem Weg.
Hält mich mit starken Händen.
Er lässt mich nicht mehr los.

Mein Vater schlug sich beruflich mit unwilligen Schülern herum.
Er hatte kein schönes Arbeitsleben und war nicht glücklich. Er
erfüllte seine Pflicht, war verantwortungsbewusst. Als Ausgleich
machte er richtig laute Musik auf dem Klavier, der Gitarre, dem
Akkordeon, der Mandoline und mit Schallplatten. Er spielte mich
mit Musik in den Schlaf und weckte mich mit Musik. Oft spielte er
mitten am Tag, um einem Lied, das ihn im Herzen bewegte,
Ausdruck zu verleihen.

Ich erinnere mich an meine große Freude, als ich die Blaskapelle
vor Ort in den Straßen spielen hörte. Ich rannte hinaus und
marschierte neben der Kapelle her - zur Beschämung meines
älteren Bruders. Mein Vater freute sich jedoch und fotografierte
mich dabei.

Bild 12 und 13: Der Nationalfeiertag wurde immer groß gefeiert.
1971 und 1972

Einmal kaufte mir mein Vater, als er in Trondheim bei einer
Schulung war, ein Kleid. Dieses Kleid war etwas ganz besonders
für mich, da mein Vater sehr sparsam war. Er kaufte zwar alles
Nötige fast ohne zu murren, aber ein außergewöhnliches
Geschenk war absolut selten und ein ganz besonderer
Liebesbeweis.

Ich weiß noch, wie behutsam mein Vater mich mit Schaumstoff
auspolsterte, als wir zum Schlittschuhlaufen gingen. Ich sah aus
wie ein Eishockeyspieler. So konnte ich auf dem Eis hinfallen,
ohne mir weh zu tun.

Mein Vater war handwerklich sehr begabt und baute meinem
Bruder und mir ein Stockbett mit einem Spielhaus darunter. Er
baute auch eigenhändig zwei von ihm selbst gezeichnete Häuser.
Sogar viele der Möbel im Haus hatte er selbst geschreinert. Er
nahm uns oft mit auf Touren in die freie Natur. Er war immer sehr
fürsorglich. Nie log, betrog oder stahl er. Nie machte er etwas

Strafbares. Mein Vater trank keinen Alkohol und rauchte nicht. Er half im Haushalt und verdiente das Geld, das wir zum Leben brauchten.

In der Kirchengemeinde wurde er geschätzt und gebraucht. Er war Musikleiter und bereicherte die Gottesdienste musikalisch. Ohne ihn gab es keine musikalische Begleitung zum Gesang. Ohne ihn gab es keinen Chor und keine solistischen musikalischen Darbietungen im Gottesdienst. Deswegen war er sehr oft in der Kirche.

Der Glaube im Elternhaus

Meine Eltern waren und sind überzeugte Christen und Mitglieder der lokalen Pfingstgemeinde. Sie waren missionarisch orientiert und beteten vor dem Essen, bevor sie das Haus verließen und vor dem Schlafengehen. Anderen Menschen von Gottes Liebe zu erzählen, war meinen Eltern sehr wichtig. Sie machten es durch ein vorbildliches Leben und in Gesprächen, sobald sich Gelegenheit dazu bot. Mein Vater investierte sich in die Lokalpolitik und tat oft der Welt, in der Zeitung und in der Gesellschaft, seine Meinung kund. Er missionierte auch frontal, durch Gespräche mit Leuten und Andachten in Institutionen, im Krankenhaus und im Park. Dass meine Eltern Kinderstunden hielten und den musikalischen Teil des Gottesdienstes prägten, erwähnte ich bereits. Meine Eltern waren fortschrittlich. Sie besuchten jedes Jahr Schulungen und setzten das Gelernte stets ein. Sie hatten in ihrer Jugend im Ausland gelebt. Meine Mutter hatte, als einzige Frau in der Stadt, den Führerschein. Sie hatte ihn in Chicago gemacht. Meine Eltern brachten neue Trends in Sachen Mode, Essen, Liedern und Arbeitsweisen in diese traditionelle Kirchenwelt. Sie haben kaum etwas als Sünde abgestempelt und mir große Freiheit gegeben, nach meinem Empfinden jedenfalls. Ich war ein recht folgsames Kind und fühlte nicht das Bedürfnis, aus dem mir weit gesteckten Rahmen ausbrechen zu wollen. Ich missbrauchte diese Freiheit nicht. Ich folge bis heute ihrem Vorbild. Sie leben ihr Christsein bis heute authentisch und gut.

Lied: Ich darf zu ihm geh´n

Ich darf zu ihm geh´n.
Er freut sich mich zu seh´n.
Ich bin willkommen, willkommen bei Gott.
Ich darf zu ihm geh´n.
Er freut sich mich zu seh´n.
Ich weiß, niemals,
nein, niemals schickt er mich fort.
Ehrenwort. So ist Gott.

Jederzeit, überall,
ganz leise im Herzen kann ich sagen was mir gerade fehlt.
Jederzeit, überall,
ganz leise im Herzen sag ich auch was mir ganz gut gefällt.

Jederzeit, überall ist er für mich da.
Jederzeit, überall, ja, das ist wahr!

(c) Waechter-Media Thomas Wächter, www.waechter-media.de
T.: Gabriele Wächter, M.: Kay Wächter
Dieses Lied ist auf der CD „Kidz sind Vips" zu hören.

Meine Kirche

Ich erinnere mich an die Gottesdienste in der Pfingstgemeinde vor Ort. Die Worte weiß ich nicht mehr, aber ich erinnere mich an die gute Atmosphäre. Ich kroch auf Papas Schoß und schlief oft während der Predigt ein. Ich erinnere mich auch an Husten-Bonbons, die von lieben Omas aus der Bank hinter uns stammten. Wir durften oft vor dem Gottesdienst etwas Süßes beim Kiosk an der Ecke kaufen. Sonst gab es ausschließlich samstagabends Süßigkeiten. Wir spielten überall in der Kirche Verstecken. Der herrliche Duft von warmem Kakao und

Hefegebäck wärmt meine Erinnerung an damals auf.
Wunderbares Essen gab es auch in der Bibelschulzeit. Jeden
Herbst gab es drei bis vier Wochen Bibelschule mit mehreren
Stunden Bibelstudium am Tag und besagtem herrlichen Essen.
Da machte es nichts aus, dass ich mein Zimmer für die Gäste
räumen musste. Wir hatten oft Besuch, häufig mit Übernachtung.
Heute noch ist es für mich das Natürlichste der Welt, auf dem
Boden zu schlafen damit Gäste in unseren Betten schlafen
können.

Ich erinnere mich aber auch an einen gruseligen, alten Mann in
unserer Kirche, der fürchterlich aussah. Er schrie mit zitternder
Stimme wenn er betete, weissagte oder Botschaften in Zungen
weitergab. Besonders an den Ernst der Botschaft erinnere ich
mich: Jesus kommt bald wieder. Wir müssen unsere sündige
Vergangenheit mit Gott klären und heilig leben vor Ihm. Vor allem
müssen wir so vielen Menschen wie möglich von Jesus und
seiner Rettung für die Menschheit erzählen, damit auch sie
gerettet werden können. Es war schon gut und richtig was er
sagte, aber die Art, in der dieser Mann die Botschaft
hervorbrachte, machte mir Angst.

Wenn ich meine Eltern irgendwo nicht finden konnte befürchtete
ich, Jesus sei gekommen und hätte sie zu sich geholt und mich
zurückgelassen. Dieses negative Gefühl in Zusammenhang mit
dem Glauben ist jedoch die absolute Ausnahme. Ansonsten habe
ich ausschließlich gute Erinnerungen an Andachten mit
kindgerechten Bibeln. Wir schlugen häufig die Seite mit der
Kreuzigung Jesus´ auf. Meine Mutter wollte das nicht, weil es so
ein schreckliches Bild war. Heute schaue ich dasselbe Bild an
und denke: Wie verniedlicht diese grausame Tat dargestellt wird.
Die Kirche tat mir sehr gut. Die biblische Botschaft wurde gelehrt
und gelebt und es herrschte eine heilige, andächtige
Atmosphäre. Wenn ich während den langen Predigten müde
wurde, kuschelte ich mich auf Papas Schoß und schlief ein.

Verwandtschaft

Nun komme ich auf unsere Verwandtschaft zu sprechen. Vor allem meinem Vater war seine Familie sehr wichtig und er vermisste sie, weil sie weit weg wohnte. Einige im Norden Norwegens, aber die meisten im Süden des Landes. Jeden Sommer saßen wir unendlich lange im Auto, um sie alle zu besuchen.

Waren wir im Süden Norwegens im Urlaub, war das Baden das absolute Highlight. Wir kamen aus der Mitte Norwegens. Dort war das Wasser zum Baden meist zu kalt. Es gab Tage, an denen es auch im Norden richtig heiß war. Ich habe einmal zwischen Eisschollen gebadet, um bei einer Wette mit meinem Bruder eine Flasche Cola zu gewinnen. Aber ein besonderes Vergnügen war das nicht.

Ich erinnere mich an feines Essen bei Verwandten im Süden und dass mein Vater dort sehr glücklich war. Er verstand sich sehr gut mit seiner Familie. Er blühte auf und erzählte sogar Witze. Feines Benehmen war überaus wichtig in ihrem Haus. Ich erinnere mich an den Nagellack meiner Cousine, die Hängematte im Garten, den bedrohlichen Nachbarshund und das Pferd. Eines Tages erschreckte mein Bruder das Pferd indem er ihm einen mit einem Silvesterkracher gespickten Apfel zum Fressen zuwarf und der Apfel genau in dem Moment explodierte, als das Pferd voller Freude hineinbeißen wollte.

Meine Cousinen sind fast alle viel älter als ich. So war nicht viel Gemeinschaft zu spüren. Die wenigen, die ungefähr in meinem Alter waren, kannte ich kaum. Als wir uns endlich einander angenähert hatten, mussten wir weiterfahren. Aber es muss viel Liebe zu uns da gewesen sein, denn eine Tante schickte uns per Bahn große Schachteln mit Äpfeln. In diesen Schachteln lagen auch andere Geschenke, wie selbst gestrickte Pullover, die sehr schön waren. Ich kann mich aber trotzdem nicht an herzliche Gemeinschaft oder Gespräche mit ihr erinnern.

Als ich klein war, wohnte eine andere Tante bei uns. Sie nahm mich mit ins Altersheim, in dem sie arbeitete. Sie nahm mich auch gelegentlich mit in die Stadt und wir gingen in ein Café. Dort genossen wir Kuchen und Limonade. Das war wirklich etwas Besonderes, denn meine Eltern taten so etwas nie.

Bild 14: Besuch bei Freunden. 1973

Das besondere Jahr

Ich erinnere mich besonders an das Jahr, in dem mein Vater eine Weiterbildung als Pädagoge für Behinderte machte. Diese Ausbildung machte er im Süden Norwegens. Die komplette Familie zog für dieses eine Jahr um, damit er nicht alleine sein musste. Ich war fünf Jahre alt. Ich erinnere mich an leckeres, goldenes Apfelgelee, das wir dort jeden Tag als Brotaufstrich aßen. Ich denke an meinen Ersatz-Opa im Wald, den ich besuchen durfte. Er lebte allein und arbeitete als Schuhmacher. Er zeigte mir alle seine Werkzeuge und winzig kleine Stöckelschuhsohlen. Er hatte immer Zeit und gab mir von seinen leckeren Keksen im Schrank. Ich erinnere mich an meine Angst vor Schlangen auf dem Weg dorthin. Wir wohnten in diesem Jahr südlich der Kreuzotter-Grenze.

Die Hauptstraße ging dicht an unserem Haus vorbei, ein reißender Fluss befand sich auf der anderen Seite. Es war also immer gefährlich draußen zu sein, so ganz anders als in der ruhigen Straße, in der wir vorher wohnten. Einmal wurde ich fast von einem Auto überfahren. Mein Ball rollte auf die Fahrbahn und ich schaute nur in eine Richtung, als ich den Ball holen wollte. Mein Schrecken war groß, als ich quietschende Autoreifen direkt neben mir hörte. Das war gerade noch mal gut gegangen.

Bild 15: Mit diesem Boot reisten wir in unserer Fantasie nach Amerika. 1972

Unser Plumpsklo war hinten im Garten. Aber mein Vater hatte einen riesigen Eimer an den Treppenabsatz gestellt, den wir nachts nutzen konnten und so nicht in die Kälte gehen mussten. Ich sang immer gerne. Ich sang auch, als ich auf dem „Klo-Eimer" saß und genüsslich den Takt wippte. Einmal wippte ich jedoch zu stark und der ganze Eimer, samt Inhalt, fiel zu meinem Entsetzen um. Der Inhalt floss die Treppe hinunter. Im Untergeschoss befand sich der Gottesdienstsaal und alles musste schön und sauber für die Öffentlichkeit sein. Als meine Eltern kamen um mir zu helfen, kamen auch unsere Katze und ihre Kätzchen, die sofort begannen, in der „Herrlichkeit", die sich im Treppenhaus breit gemacht hatte, herumzurutschen. Die Menge, die ursprünglich in diesem Eimer war, war nach meinem Empfinden enorm. Der Inhalt verteilte sich über zweieinhalb Stockwerke. Das werde ich nie vergessen!

Ich erinnere mich auch an den riesigen Adventskranz mit vier großen, roten Stumpen-Kerzen und breiten roten Seidenbänder zum Aufhängen, den mein Vater band. Ich erinnere mich an das Schlafzimmer, in dem die komplette Familie schlief, meine Puppenstube unter dem Stockbett, das Waschbecken in der Ecke mit eiskaltem Wasser, den Baum vor dem Fenster, den mein Bruder nutzte um das Haus zu verlassen oder zurückzukehren, wenn es niemand wissen sollte. Ich erinnere mich an die Ratten im Keller und auf dem Dachboden. Sie rannten hin und her, über unsere Köpfe, wenn es Schlafenszeit war. Ich erinnere mich an die Rattenfallen. Eines stillen Abends schrieb meine Mutter Briefe in der Küche, als aus dem Abfluss im Spülbecken ein kratzendes Geräusch zu hören war. Eine kleine Pfote, die einer Ratte, wollte auf diesem Weg in unsere Wohnung gelangen.

Mein Bruder wurde vom Hund seines Freundes ins Gesicht gebissen und musste genäht werden. Ich denke, meine Angst vor Hunden kommt daher. Das änderte sich auch später nicht, als mein Sohn ohne jeden Grund von einen Hund am Rücken blutig gebissen wurde. Genauso habe ich Angst vor Schwänen. Als ich klein war, griff mich ein Schwan an. Ich saß friedlich am Ufer und aß ein Brötchen. Ohne Vorwarnung kam der Schwan auf mich zu, um mir mein Brötchen abzujagen.

Aber Katzen liebe ich! Die Katze meiner Kindheit, Susi, war wunderbar! Susi war so lieb und geduldig mit mir. Ich durfte mit ihr spielen, mit ihr konnte ich reden, mit ihr teilte ich Freude und Leid, ich durfte sie mit Essen versorgen und hatte viel Spaß mit ihr und ihren jungen Kätzchen. Heute noch liebe ich Katzen mehr als alle anderen Tiere, und das Zusammensein mit einer schmusenden Katze lässt mich zur Ruhe kommen.

Bild 16 und 17: Wie ich die Kätzchen liebte! 1972

....Sängerimpuls 8

Was hat das mit dem Singen zu tun?

Die Beziehungen zu den Menschen, die dir nahestehen, können deine Entwicklung fördern und behindern. Meist ist in allen menschlichen Verbindungen beides vertreten. Suche das Gute, freue dich an Beziehungen zu anderen Menschen, aber trenne dich von deren zerstörenden Worten und Taten. Ihre Worte und Taten haben nichts mit dir zu tun, sondern sind lediglich eine Offenbarung dessen, was in den anderen Menschen steckt. Ganz konkret: Wenn jemand dich und deine Stimme in Wort und Tat verurteilt, hat das nichts mit dir zu tun. Du benötigst weder Lob noch Mitleid von anderen, um den Weg zu gehen, der für dich richtig ist. Schön und ermutigend ist es natürlich, wenn dich Menschen unterstützend begleiten, aber du bist nicht davon abhängig.
Suche dir bewusst Freunde, die dir ein Vorbild sind. Wichtig ist es herauszufinden: Liebt der andere dich? Der beste Spiegel, den du finden kannst, sind die Augen von jemandem, der dich liebt. Gott hat solche liebenden Augen. Nimm in dich auf, was Er über dich sagt.

Schulzeit

Bild 18: Erster Schultag. 1974

Ich ging gerne zur Schule und liebte meine Lehrerin. Das Lernen war für mich sehr schön. Ich erledigte meine Hausaufgaben ohne Widerwillen, war fleißig und schrieb gute Noten. Die Handarbeitsstunden waren am schönsten und die Essenspausen, weil unsere Lehrerin aus einem Buch vorlas. Das Lesen machte mir Mühe. Ich las sehr langsam und beschwerlich. Als Erwachsene lese ich gerne aber nicht schnell. Den Inhalt des geschriebenen Wortes zu erfassen, ist jedoch jede Mühe wert.

Lied: Ich kann das

Ich kann das!
Ich schaff' das!
Ja, ich weiß, dass es geht!
Ich kann das!
Ich schaff das, weil Jesus in mir lebt.

Ich kann das, doch nicht aus eig'ner Kraft.
Ich schaff' das weil Gott mich fähig macht.

Kann sein die andern sind schneller als ich und können so viel
mehr.
Ich weiß genau, das ist nicht wichtig für mich.
Ich geb' nicht auf, weil Jesus mir hilft.

Mal läuft es gut, ja, und alles gelingt.
Mal geht es richtig schief.
Ich weiß genau nach einem Tief kommt ein Hoch.
Ich geb' nicht auf, weil Jesus mir hilft.

Ich geb' nicht auf.
Ich bleib' nicht steh'n.
Ich halte durch.
Ich werde weitergeh'n.
Ja, ich geb' alles für Jesus.
Ja, ich geb' alles für Jesus und er tut den Rest.

(c) Waechter-Media Thomas Wächter, waechter-media@t-
online.de, www.waechter-media.de
T.: Gabriele Wächter, M.: Kay Wächter

Mein Singen

Seit meinem fünften Lebensjahr sang ich öffentlich mit meiner Mutter im Duett. Wir sangen in der Kirche, zu Hause, wenn Besuch da war, in Krankenhäusern, Altersheimen und auf der Straße. Mein Vater spielte Klavier, Orgel, Akkordeon, Mandoline oder Gitarre dazu. Für junge Menschen, die gerne singen, ist eine Kirche ein guter Ort sich auszuprobieren. Das können die meisten Sänger bestätigen. Dort hat man Publikum, das gerne und geduldig zuhört. Man lernt viele neue Lieder und bekommt Bühnenerfahrung. Zudem erhält man Lob und Tadel zu hören.

Ich bin nicht überdurchschnittlich begabt. Aber ich hatte schon immer Freude am Singen. Anfänglich hatte ich Probleme den Ton sauber zu halten, wenn ich mit meiner Mutter zweistimmig singen sollte. Zuhause sangen wir viel und mit der Zeit gelang mir das zweistimmige Singen immer besser. Die Tatsache, dass ich eine Gelegenheit hatte öffentlich zu singen, trieb mich zum Üben. Es sollte ja so gut wie möglich werden.

„Sage JA zum Dienst"

Diesen Rat meiner Mutter habe ich immer befolgt. Somit durfte ich schon ab acht Jahren solistisch arbeiten. Ich hatte immer ein paar Lieder, die ich auswendig aus dem Stehgreif singen konnte. Zusätzlich hatte ich eine Tasche voller Lieder, um bereit zu sein, falls unerwartet eine Anfrage kommen würde, vorzusingen. Ich denke, die Bereitschaft „ja" zu sagen, wenn ich gefragt werde und auch jeder Zeit vorbereitet zu sein auf eine Anfrage, hat mir Türen geöffnet, an vielen Orten zu singen. Außerdem erhielt ich seit Anfang der Schulzeit Klavierunterricht. Darin war ich nicht sonderlich begabt. Ich übte und übte, aber meine Finger trafen immer wieder die falschen Tasten. Es war mühsam für mich. Trotzdem ging ich zur Musikschule und lernte fleißig weiter.

Was hat das mit dem Singen zu tun?

Fange früh an, deine Musikalität zu fördern. Hiermit meine ich musikalische Früherziehung im weitesten Sinne, also zuhause und überall alle Chancen zum Musizieren nutzen. Ein Gefühl für Rhythmik und Harmonie kommt durch viele Wiederholungen und je früher man damit anfängt, desto leichter nimmt der Körper das Gelernte an.
Wer sich davor drückt anderen Menschen vorzusingen, bekommt auch weniger Übung darin. Man bereitet die Lieder meist noch besser vor, wenn jemand zuhören soll, als wenn man nur für sich selbst singt. Mehr Probezeit gibt bessere Muskeln und größere Sicherheit.

„Freundinnen"

Ich hatte eine „Freundin", Linda. Linda übernachtete einmal bei uns, auf dem Dachboden. Wir waren beide etwa sieben oder acht Jahre alt. Aus heiterem Himmel forderte sie mich auf, mich auszuziehen. Ganz nackt. Ich hatte bis dahin ein recht gutes Verhältnis zu meinem Körper und es war das erste Mal, dass Nacktheit für mich erschreckend und abstoßend war. Wir beide waren gemeinsam im Schwimmunterricht und Sport, wo man sich in Gemeinschaftsduschen wusch. Aber diesmal gab es irgendetwas, das nicht stimmte, das wusste ich ganz genau. Um Linda zu schützen, will ich hier nicht alle Einzelheiten widergeben. Mit großer Scham, Widerwillen und totaler Verwirrung in meinen Gedanken gehorchte ich, aber verstand erst fast 40 Jahre später, dass dies nicht nur kindische Dummheit, sondern ein gravierender sexueller Übergriff war.

Ein sexueller Übergriff ist eine Verletzung der Intimsphäre und nicht wie ich früher dachte Vergewaltigung mit Geschlechtsverkehr. Deswegen meinte ich, meine Erlebnisse mit diesem Mädchen seien nicht so schlimm und erzählte weder meinen Eltern noch anderen Vertrauenspersonen davon. Kindern, Jugendlichen und Erwachsenen, die gravierendere Übergriffe, gar Vergewaltigungen, erleben, geht es sicherlich viel schlechter als mir. Aber selbst diese zwei Übergriffe fügten mir Schaden zu. Ich dachte lange, dass es sich eben um eine Kinderdummheit handelte. Ich war doch selbst schuld daran. Ich habe mich nicht ausreichend gewehrt. Ich wehrte mich, aber Linda hörten nicht auf mich. Wie konnte das passieren, in der guten Umgebung, in der ich aufwuchs? Die Wurzel liegt in meinem Gehorsam und der Missachtung meiner eigenen Gefühle.

„Hab dich nicht so! Ist doch nicht so schlimm! Denke an die anderen und nutze all deine Energie um ihnen zu helfen! Bete!" Solche Dinge habe ich mir immer wieder gesagt, um das Schlimme in meinem Leben zu verdrängen. Durch Konzentration im Gebet und die Gedanken daran, was gut war, habe ich das Schlimme in meinem Leben und die Konfrontation mit meinen Gefühlen effektiv verdrängt.

Bild 19: Freizeitaktivitäten draußen.

Im Winter gab es so viel Schnee, dass wir vom Dachgiebel bis in den Garten rodeln und Skifahren konnten. 1975

Was hat das mit dem Singen zu tun?

*Übergriffe hat es immer gegeben und fast jeder Mensch hat
Übergriffe in körperlicher, seelischer oder geistlicher Form erlebt.
Wenn die Tränen über einen Übergriff nie geweint werden, wird
das Zwerchfell hart und weniger beweglich. Die Atmung wird
behindert und somit auch das Singen. Nicht ohne Grund sagt
man, alle Gefühle sitzen im Zwerchfell. (Mehr dazu in meinem
Buch: „Singen, aber wie?!") Alle Trauer, alle Wut und ebenso
alles wozu man „nein" sagen will im Leben, machen die
Singmuskeln hart und unbeweglich. Das grenzt
selbstverständlich enorm das ein, was die Muskeln leisten
könnten. Denn jeder Muskel lebt von der Dynamik der
Abwechslung, von Arbeit und Ruhe.*

Freizeitgestaltung

Ich war in meiner Freizeit sehr aktiv. Ich ging zu den Pfadfindern,
sang öffentlich mit meiner Mutter, spielte Klavier, hatte mehrere
Mädchenklubs und ging zum Chor. Die Aktivitäten in unserer
Kirchengemeinde nahmen auch viel Zeit in Anspruch. Zudem
erledigte ich meine Hausaufgaben sehr sorgfältig. Ich war ein
glückliches Kind. Meine Eltern zwangen mich nie bewusst zu
irgendetwas. Sie boten mir Geborgenheit und Nestwärme.

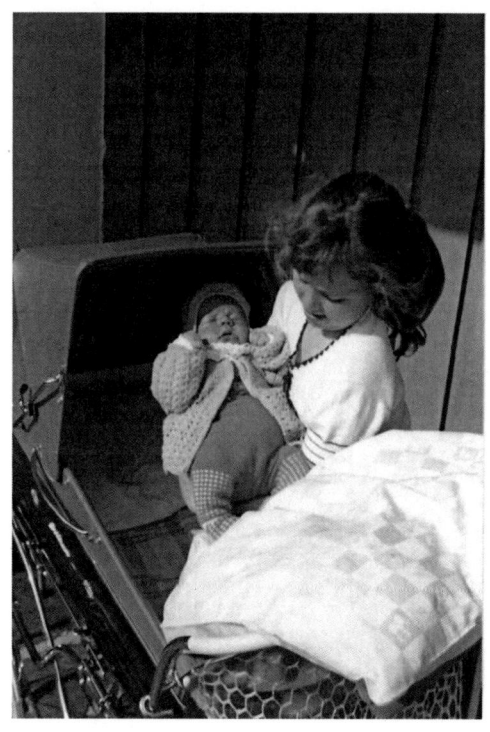

Bild 20: Große Schwester. 1975

Mein kleiner Bruder

Ein absoluter Höhepunkt meines Lebens war die Ankunft meines jüngeren Bruders. Ich hüpfte jubelnd als ich die Nachricht erhielt, dass meine Mutter schwanger war. Mein Bruder erblickte das Licht der Welt, als ich acht Jahre alt war. Ich passte oft auf „den Kleinen" auf. Voller Stolz fuhr ich seinen Kinderwagen und ich hatte Alpträume, dass der Kinderwagen im Sand zu rutschen begann. Nichts durfte meinem kleinen Bruder zustoßen. Ich schützte ihn mit meinem Leben. Als er größer wurde, trug ich ihn überall mit mir herum. Er saß auf meinem Rücken, wir waren im Wald und auf dem Spielplatz. Ich zeigte ihm die Welt, verkleidete ihn, las ihm vor, gab ihm zu Essen, pflegte ihn. Ich liebte ihn über alles.

Gemeinsam beerdigten wir schöne Vögel, die beim Fliegen unsere immer sauberen Fensterscheiben übersahen. Sie lagen nach dem Aufprall tot auf der Erde. Wir hatten immer ernste Beerdigungen mit Sarg, Blumen und Liedern. Ganz gewiss gingen diese Vögel direkt hoch zu Jesus in den Himmel, wo es keine täuschenden Glasscheiben mehr gibt.

Die Mäuse wurden nicht so würdig beerdigt wie die anderen Tiere, denn meist war nicht viel übrig von ihren kleinen Körpern. Meine Katze plagte Mäuse qualvoll zu Tode. Sie spielte mit ihren Opfern. Ich fand das grausam und schimpfte mit Susi, wenn ich es sah. Trotzdem liebte ich Susi über alles und fand sie nicht von Grund auf böse. Irgendwie bejahte ich Susi trotz dieser Grausamkeit. Susi vereinte das Gute und das Böse in sich und ich liebte sie bedingungslos, mit allem Drum und Dran.

Es ist ungewöhnlich, sich mit einer Katze zu vergleichen, aber - wie meine Katze versuchte auch ich stets zu tun was richtig und gut war, aber es gelang mir nicht immer. Als mein geliebter kleiner Bruder träumend mit seinem Fahrrad eine alte Dame anrempelte, bin ich weiter gefahren als würde ich den unglücklichen, kleinen Jungen nicht kennen. Das war böse. Deswegen habe ich auch noch immer ein schlechtes Gewissen. Einmal habe ich eine Freundin beschuldigt, sie hätte eine Schokolade gegessen, die ich als Geschenk für meinen Vater bestimmt hatte. Dabei hatte ich sie selbst gegessen. Das war auch schlimm. Auch habe ich nicht immer die ganze Wahrheit gesagt. Einen Hang zu Übertreibungen kann ich nicht leugnen. Vor Gott und Menschen habe ich mich ernsthaft entschuldigt, aber mir selbst vergeben, darin lag und liegt immer noch eine große Herausforderung.

Lied: **Reinige mein Herz**

Reinige mein Herz.
Reinige mein Herz von falschen Motiven
und von Wünschen, die mir schaden.
Nimm mein Herz,
mach es weiß wie den Schnee,
transparent, wie das Wasser im See.
Schaff in mir ein reines Herz.

Öffne meine Augen, dass ich dich seh´.
Öffne meine Ohren, dass ich versteh´.
All mein Denken,
all mein Streben sei erfüllt von dir!

(c) 2000 WMEDIA Thomas Wächter Musik-Medien
T.: Gabriele Wächter, M.: Kay Wächter

Freizeiten

Meine Eltern hielten über viele Jahre Kinderfreizeiten in einem
Internat ab. Kinder aus einem großen Umkreis kamen in den
Schulferien angereist, um mit Spiel und Spaß von Gott zu hören.
Meine starken Erlebnisse dort mit Gott, bleiben für immer ein Teil
meiner Geschichte. Alle Kinder wurden in kleine Gruppen
aufgeteilt und wir erlebten eine Woche lang Abenteuer pur. Wir
badeten im nahe gelegenen See oder im Schwimmbad, es
fanden Ballspiel-Turniere statt, Schnitzeljagden,
Zimmerordnungswettbewerbe, Chor, Basteln, Hüttenbauen im
Wald und nachts langes Plaudern im Zimmer. Die Leiter schliefen
auch in den Zimmern der Kinder und gerade die nächtlichen
Gespräche über Gott und die Welt bleiben unvergessliche, gute
Erinnerungen.

Am 24. Juni gab es immer ein großes Fest mit riesigem
Lagerfeuer. Dieser Abend war jedes Mal der absolute Höhepunkt
der Freizeiten. Wir durften die halbe Nacht wach bleiben, um den

längsten Tag des Jahres zu feiern und es gab sehr leckeres Essen, lustige Beiträge und Spiele.

Die Sommerfreizeit, als ich neun Jahre alt war, wurde zu einem ganz besonderen Meilenstein in meinem Leben. In einem der Abendgottesdienste gab es einen Aufruf, sich konkret zu entscheiden für ein Leben als Christ. Ich fühlte, diesmal ging es wirklich um mich. Ich habe nie im Leben eine Trennung von Jesus erlebt oder die Wahrheit verneint, die die Bibel darlegt. Ich hatte jedoch noch keine bewusste, persönliche Entscheidung für Jesus getroffen und in dieser Freizeit war es dann für mich so weit. Ich war kein besonders böser Mensch, aber ich wusste auf einmal ganz klar, dass ich persönlich Gnade von Gott benötigte. Beim Altar-Ruf hob ich meine Hand als Zeichen dafür, dass ich ab jetzt für immer unter der Gnade Gottes leben wollte. Es war eine konkrete Entscheidung, dass ich mein ganzes Leben in dem Glauben bleiben möchte, den ich zu Hause gelehrt worden war.

Lied: Jesus, there is none like you

You are the way, the truth and the life.
There is no other way leading to the Father.

Jesus, there is no one like you,
so powerful, mighty and pure.
Only you can give healing and salvation.
Jesus, there is no one like you.

You bring salvation to each and ev'ry nation.
Whoever believes in you shall be saved.

(c) 2010 Janz Musikverlag adm. by Gerth Medien Musikverlag,
Asslar
T. + M.: Kay Wächter

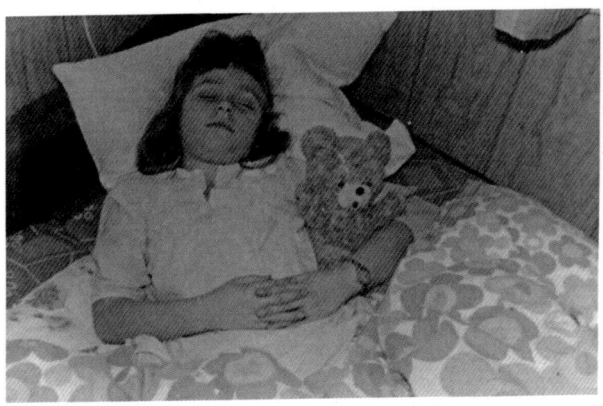

Bild 21: Gebet gab mir Geborgenheit und Ruhe für die Nacht. 1976

Dadurch änderte sich eigentlich nichts an meinem Lebensstil. Ich hatte ja mein Leben lang nach Gottes Richtlinien und seinem Willen gelebt und tue es noch heute. Doch seit diesem Zeitpunkt wusste ich, dass dies mein eigener Glaube ist und dass ich meine eigene Ausübung dessen leben wollte, dass ich nicht nur meinen Eltern folgte.

Lied: Ich bin ein Königskind

Ich bin ein Königskind.
Ich kann mutig sein.
Ich bin ein Königskind,
setz mich für andre ein.
Ich bin ein Königskind,
tu was richtig ist.
Ich weiß, was Gott, dem König, ganz besonders wichtig ist.

Wenn die andren lachen,
einen Bogen um mich machen,
tu ich dennoch was richtig ist.
Ich bin ehrlich an der Kasse,
schreib nicht ab in meiner Klasse.
Süßigkeiten lass ich liegen,
will nicht stehlen und betrügen.

Manchmal brauch ich etwas Mut.
Ich will, dass Jesus zu mir sagt:
„Das machst du gut!"

(c) Waechter-Media Thomas Wächter, www.waechter-media.de
T.: Gabriele Wächter, M.: Kay Wächter

....Sängerimpuls 11

Was hat das mit dem Singen zu tun?

Die Stimme bringt zum Ausdruck wie es dir geht. Ich sehe das so: Der Mensch besteht aus Geist, Seele und Körper. Diese drei Teile sind unzertrennlich und gut. Wer nur Körper und Seele ernährt, die Beziehung zu Gott aber vergisst, hat quasi ein „Loch" in sich. Ich glaube, dass der Gesang, sprich Harmonie im Leben, erst stimmig wird, wenn dieses "Loch" mit Gott gefüllt ist.

Bild 23: Taufe. 1979

Mit 11 Jahren durfte ich mich taufen lassen. Unsere Gemeinde praktizierte die Taufe durch komplettes Untertauchen im Wasser. Die Taufe war möglich sobald man sich zum Glauben an Jesus bekennen konnte und das wollte ich öffentlich tun.

Ich könnte eine lange Liste aufstellen von Menschen, die meinen Glauben an Gott und das Leben generell, geprägt haben. Gleichzeitig gibt es niemanden, der mir besser gezeigt hat wie Gott ist, als Gott selbst. Dies geschah durch das Leben mit Ihm und Seinem Wort. Die Bibel wurde früh das wichtigste Buch in meinem Leben. Darin lernte ich Gott jeden Tag besser kennen. Was ich in der Bibel las, war und ist immer noch wie ein persönlicher Liebesbrief an mich und täglicher Wegweiser. Ich konnte schon als Kind so bewegt sein von Gottes Gegenwart, dass ich ohne Probleme eine Stunde am Tag auf den Knien im Gespräch mit Gott verbrachte. Früh begann ich mit anderen zu teilen, was mich in meiner Bibellese und in Gottesdiensten angesprochen hatte.

Lied: Ich hab´ einen Freund

Ich hab´ einen Freund, einen unsichtbaren Freund,
der bei mir ist,
mich nie vergisst.

Es ist Jesus,
Jesus ist mein Freund.

Im Jahr meiner Taufe hatte ich während eines
Missionsgottesdienstes ein besonderes Erlebnis. Ich lauschte
dem Bericht einer Missionarin in Afrika und bekam schlicht und
einfach den Bescheid in meinem Herzen: „Dies bist du in ein paar
Jahren". Also wusste ich auf wundersame Weise ab diesem Tag,
dass ich irgendwann im Leben in einem anderen Land Menschen
dienen würde. Ich nahm diese Erkenntnis für mich ernst und
bereitete mich bei jeder Gelegenheit darauf vor. Im Alltag
versuchte ich herauszufinden, was Gott an jedem Tag in meinem
Umfeld vorhatte, und wie ich bei Gottes Vorhaben mitmachen
könnte. Das waren ganz alltägliche Dinge wie einen Kuchen für
meine Familie zu backen, im Haushalt zu helfen, jemanden zu
besuchen, einen Brief zu schreiben, in der Sonntagsschule
meiner Mutter zu helfen und in unterschiedlicher Weise zu
dienen.

Zurück zu der Zeit, als ich neun Jahre alt war. Meine Eltern
bauten ein Haus und wir zogen um. Es war ein großes Haus, das
mein Vater selbst gezeichnet hatte. Es ruhte in der Landschaft
und bot eine fantastische Aussicht über die ganze Region. Meine
Mutter legte einen wunderschönen Garten an und für alle gab es
große Zimmer.

Bild 22: Neues Haus. 1981

Im Garten hatten wir eigene Erdbeeren, Kohl, Salat, Karotten,
Kartoffeln, Radieschen. Eines Abends, nach unserem
Abendgottesdienst, ging mein Vater in seinem feinen Anzug in
den Garten, um nach reifen Früchten zu schauen. Der Garten
war an einem Hang angelegt. Oberhalb vom Hang war ein
schöner Rasen, dort übte mein kleiner Bruder das Werfen mit der
Angelrute. Meist flog der Haken nur ein paar Meter weit. Doch auf
einmal gelang sein Wurf sehr gut und der Haken ging am Rasen
vorbei, zum Gemüsehang hinüber. Dort angelte mein Bruder

einen großen Fang, denn der Haken drang durch die kahle Kopfhaut meines Vaters. Wir dachten es sei nicht so schwierig, den Haken wieder herauszuziehen, aber der Widerhaken machte es unmöglich. Also musste er mit Angelhaken im Kopf und feinem Anzug ins Krankenhaus. Wir lachten sehr! Im Krankenhaus wurde der Haken einfach abgezwickt und von beiden Seiten herausgezogen. Die Wunde wurde desinfiziert und alles war gut. Ab diesem Zeitpunkt übte mein jüngerer Bruder das Angeln ohne einen Haken an seiner Angelrute.

Wir angelten häufig, wenn wir zu Besuch bei den Eltern meiner Mutter waren. Dort gab es so viele Fische im Meer, dass es von Zeit zu Zeit aussah als würde die Wasseroberfläche kochen. Der Grund dafür war, dass die Fische sich etwas zum Fressen holten und dabei berührten die Flossen die Wasseroberfläche. Wenn wir eine Angel mit mehreren Haken auswarfen, erwischten wir bei jedem Wurf drei oder mehr Fische. Meine Oma bereitete köstliche Gerichte daraus, die wir essen durften. Fleischgerichte gab es nur an ein oder zwei Tage in der Woche.

Im Norden Norwegens ist es im Sommer Tag und Nacht hell. Die Luft ist besonderes frisch und sauber und die Farben intensiver als weiter südlich im Land. Ich weiß noch wie schön es war, am Meer zu spielen, das selbstgebaute Boot meines Großvaters zu fahren und Süßigkeiten im Landhandel zu kaufen.

Da wir meine Großeltern selten besuchten, kannte ich sie nicht so gut. Das änderte sich als die Mutter meiner Mutter, nachdem mein Opa gestorben war, drei Winter in unserer Einliegerwohnung wohnte. Sie wollte immer, dass wir ins Bett gehen sollten, wenn sie müde war. Sie spielte Halma mit uns und ging zu ihrem eigenen Gottesdienst in der freien evangelischen Kirche. Meine Oma benötigte Krücken und diese fielen oft um. Wir Kinder durften sie überall hin begleiten und ihr helfen, denn ihr Hüftgelenk war vom vielen Arbeiten kaputt. Sie hörte ständig uralte Musik, ihre Lieblingsmusik. Meine Großmutter war sehr umgänglich, freundlich und lieb in jeder Hinsicht.

Nach der vierten Klasse stand ein Wechsel des Klassenlehrers an und ich hatte Angst davor. Ich wusste, wir würden den strengsten Lehrer der Schule bekommen. Ihn hatte bereits mein Bruder. Ich kannte unzählige Schreckensgeschichten über diesen Lehrer. Trotz meines großen Fleißes bekam ich seine Strenge zu spüren, zu Recht. Ich hatte im Unterricht geplappert. Ich plapperte sogar so eifrig mit meiner Nebensitzerin, dass ich gar nicht bemerkte, dass der Lehrer die gesamte Klasse auf uns aufmerksam machte und uns schweigend und bestürzt anschaute. Das war sehr peinlich!

Schulsport war eine Sache für sich. Ich war nie gut darin und wurde als letzte ausgewählt wenn Mannschaften für Ballspiele formiert wurden. Ich bewegte mich jedoch gern und bekam immer kräftigere Muskeln. In der fünften Klasse gewann ich den zweiten Platz beim Skiwettbewerb. Da ich den anderen zuvor physisch unterlegen war, war dies ein Meilenstein in meiner Geschichte.

Jahre zuvor hatte ich Angst vor einer Spritze, die jedes Kind in der sechsten Klasse bekommen sollte. Mein großer Bruder erzählte mir ausführlich, wie groß und schlimm diese Spritze war. Die Krankenschwester würde mehrere Meter Anlauf nehmen und mit rauer Gewalt die Spitze der Spritze in meinen Arm treiben. Und die Schmerzen danach! Man könne wochenlang wegen der Schmerzen im Arm nichts tun. Als ich dann die gefürchtete Spritze erhalten hatte, stellte ich fest, dass fast nichts von den Ausführungen meines Bruders wahr gewesen waren.

Mein Vater nahm mich nachts mit auf Spaziergänge, um das Nordlicht und die Sterne zu beobachten. Er nannte mir die Namen der Sterne und plauderte mit mir über alles Mögliche. Diese Erinnerung ist mit starken Gefühlen verknüpft. Mein Vater nahm sich Zeit für mich. Die Geborgenheit war hier besonders stark zu spüren. Wir taten gemeinsam etwas Verbotenes, Geheimnisvolles, während die ganze Welt in ihren Betten lag und schlief. Dunkelheit und Kälte machten uns nichts aus. Wir hatten uns und die Welt war in Ordnung.

Ich sammelte Murmeln und Servietten. Die Servietten waren einfach schön und ich hatte eine große Sammlung, die mir Ansehen im Freundeskreis gab. Ich besaß eine kleine Schmuck-Porzellanpuppe, mit einer Blume im Arm. Diese bedeutete mir viel. Meine Mutter schenkte sie mir. Nicht aus Überfluss oder Notwendigkeit, sondern rein aus Liebe. Die Kleider, die sie mir auch heute noch kauft, haben für mich einen unglaublich hohen Wert. Sie schenkt sie mir aus Liebe, an mich persönlich adressiert.

Mit 13 Jahren wechselte ich mit den gleichaltrigen Schülern von der Kinder- zur Jugendschule, ein Bereich der Hauptschule. In Norwegen trennt man die Schüler nicht, bevor alle ihren Hauptschulabschluss absolviert haben. Man musste in der Jugendschule Schwerpunkte setzen und ich wählte die deutsche Sprache. Ich spürte und wusste, ich würde sie in der Zukunft nutzen. Genauso klar fiel die Entscheidung meiner Freundin aus. Sie wählte Französisch und arbeitete später im französischsprachigen Teil von Afrika als Missionarin. Dies war das erste Mal, dass diese Freundin in einer anderen Gruppe war als ich.

Lied: Erfülle mich

Erfülle mich, oh Herr, mit deiner Liebe.
Erfülle mich, oh Herr, mit deinem Geist.
Komm und führe mich.
Ja, leite mich mit deinen Augen.
Schenke mir ein ungeteiltes Herz.

Ich will dir dienen Herr.
Gebrauche mich.
Mein Leben lege ich in deine Hand.
Du bist der Töpfer, Herr,
und ich der Ton.
Forme mich nach deinem Plan.

Erfülle mich, oh Herr, mit deinem Frieden.
Erfülle mich, oh Herr, mit deiner Kraft.
Reich mir deine Hand.
Lenke du, Herr, meine Schritte,
weil dein Weg der Beste für mich ist.

Berührt - der Heilige Geist

In vielen Kirchen lehrt man, dass man eine Extraportion von
Gottes Kraft erleben kann. Ich wollte alles von Gott, was ich
bekommen konnte und suchte dieses Erlebnis. Man sagte uns,
dies wäre von einer besonderen Freude begleitet, die uns mutig
machen würde, im Alltag kraftvoll für Gott zu leben. Oft konnten
die Menschen, die diese Kraft haben wollten, am Ende des
Gottesdienstes nach vorne kommen und für sich beten lassen.
Es geschah dann manchmal, dass die Personen stark ergriffen
wurden von Gottes Kraft. Einige weinten, andere begannen
„komische Worte" zu beten. Eine Sprache, die sie nie gelernt
hatten, die der Geist Gottes ihnen gab.

Als ich 14 Jahre alt war, las ich ein Schriftstück über das
Erfülltwerden mit dem Heiligen Geist: Wenn man darum bittet
empfängt man diese Kraft automatisch und sofort, egal ob man in
Zungen redet oder nicht, egal ob man irgendetwas fühlt oder
nicht. Ich kniete in meinem Zimmer und bat darum. Ich empfing
Freude und Frieden darüber, dass es tatsächlich geschehen war.
Ab sofort bat ich Gott um die Zungenrede als Zeichen dieses
Erlebnisses. Diese wurde mir Monate später auf einer Konferenz
geschenkt. Es war ein starker und bewegender Gottesdienst. Alle
waren von einem Lied sehr ergriffen und baten, von Gottes Liebe

neu berührt zu werden. Dann begann ich beim Beten an zwei mir fremde Worte zu denken. Ich bat Gott, diese zwei „komischen Worte" wegzunehmen, falls sie nicht von Ihm seien. Aber die Worte verschwanden nicht, sondern tauchten immer wieder auf, wenn ich betete. Monate später war ich schon fast überzeugt, dass ich doch noch keine Erfüllung mit dem Heiligen Geist erhalten hatte, da ich nur diese zwei „komischen Worte" kannte und andere mit Leichtigkeit wie ein Buch in Zungen redeten. Ich ging nochmals in einem Gottesdienst nach vorne und bat den Gastprediger, für mich zu beten. An diesem Abend erlebte ich einen echten Durchbruch und kann seither zu jeder Zeit in Zungen reden und beten. Ich weiß nicht immer was es bedeutet, aber ich fühle mich danach immer erfrischt.

Jugendzeit

Im Alter zwischen 14 und 21 Jahren drehte sich mein Leben hauptsächlich um die Schule, um das Abitur. Nach dem Abitur absolvierte ich einen halben Bachelor in Theologie und Musik in Deutschland. Ansonsten beschäftigte ich mich mit Leitungsaufgaben, Singen, Autofahren und Jungs.

Bild 24: Ich habe mir die Gitarre mit Hilfe eines Fönkabels umgehängt. 1982

Das Leiten lernen

Die ersten 14 Jahre meines Lebens ging ich zur Sonntagsschule. Mit zunehmendem Alter bekam ich mehr und mehr Gelegenheiten, dort auch mitzuhelfen. In der Jugendzeit entwickelten sich viele meiner Fähigkeiten in Sachen Leiterschaft. Ich bekam meine erste eigene Sonntagsschulklasse mit voller Verantwortung für Verkündigung, Lieder und Aktivitäten. Ich wusste noch nicht viel über Pädagogik und Leiterschaft, aber ich konnte meine Mutter um fachkundigen Rat bitten. Ich las und betete viel und bekam oft Ideen, die mir wie Geschenke Gottes vorkamen. Auch heute sehe ich, dass

71

Berufsausbildung und Erfahrungen bei Weitem nicht ausreichen, um Menschen zu leiten. „Hiiiiiilfeeeeee!!!!" – der Hilfeschrei zu Gott - ist das Gebet des Glaubens, das ich nach wie vor häufig bete.

Wenn ich mir heute 14-jährige Menschen anschaue denke ich oft, dass ich in diesem Alter viel zu jung war, so viel Verantwortung tragen zu können. Da mir mein bruchstückhaftes Wissen bereits damals bewusst war, trieb es mich förmlich in eine tiefere Abhängigkeit zu Gott. Ich lernte Gott noch besser kennen. Viele Alltagserlebnisse konnte ich als Gottes Reden empfinden. Ebenso bekam ich konkrete Ratschläge von Gott für meine Vorbereitungen. Man kann in der Öffentlichkeit nicht größer sein als man im Verborgenen ist. Der Charakter muss täglich erneuert und verbessert werden, in der Stille mit Gott.

Lied: Du liebst mich

Ich bin kein Superstar.
Ich bin kein Held.
Ich bin kein Genie.
Ich habe nicht viel Geld.

Doch du liebst mich.
Jesus, du liebst mich.
Du zählst nicht meine Macken.
Du liebst mich wie ich bin.
Und wenn ich Fehler mache biegst du sie wieder hin.

Ich bin nicht vollkommen.
Ich bin nicht genial.
Ich bin nicht berühmt.
Mir ist das ganz egal,
denn du liebst mich.
Jesus, du liebst mich.....

(c)Janz Musikverlag adm. by Gerth Medien Musikverlag, Asslar
T.: Gabriele Wächter, M.: Kay Wächter
Dieses Lied ist auf der CD „Peter tankt super" zu hören.

Weiterführende Schule

Neben allen Aktivitäten ging ich natürlich auch zur Schule. Deutsch, Mathematik-Leistungskurs und Musik waren meine Wahlfächer und somit gab es nur sehr wenige Möglichkeiten für die praktischen und entspannenden Fächer wie Handarbeit, Kochen oder Sport. Hier besuchte ich nur die obligatorischen Stunden. Meine Noten waren immer im oberen Bereich. Aber nichts flog mir zu. Somit saß ich viele, viele Stunden über meine Bücher gebeugt. Meine Mutter half mir oft mit Ideen für meine Aufsätze und Gedichte. Wir hatten viel Spaß beim gemeinsamen Lernen.

Es gab eine kleine Gruppe junger Christen in meiner Schule. Zunächst war ich in dieser Gruppe Zuhörerin, später Mitarbeiterin und bald darauf wurde ich Leiterin der Gruppe. Wir hielten jede Woche Andachten ab, die für alle Schüler unserer Schule zugängig waren. Die Schüler kamen tatsächlich, denn das „zur-Andacht-Gehen" war die einzige Möglichkeit, in der Pause der Kälte draußen zu entfliehen. Da stand ich also und bekannte meinen Glauben vor der ganzen Schule. Klar hatte ich Angst! Auch in unserer Schule gab es coole Cliquen, zu denen ich nicht gehörte. Ich gehörte weder zu der „Schicki-Micki-Schicht" noch zu den Rauchern, nicht zu denen, die sich der Schulordnung widersetzten und nicht zu den öffentlich knutschenden Schülern. Ich war so gesehen eher unauffällig. Doch durch die Schulandachten wurde ich sichtbarer und erhielt Training im öffentlichen Sprechen, was mir in allen Lebensbereichen nützlich war und ist.

Mobbing?

Gleichzeitig erlebte ich Ausgrenzung und bekam diskriminierende Bemerkungen zu hören, weil ich mich ganz klar zum christlichen Glauben bekannte. Die Bemerkungen machten mir nicht viel aus. Ich antwortete recht gut darauf und meist standen die, die mich mobben wollten, dumm da. Aber die Ausgrenzungen waren nicht schön. Oft standen sieben oder acht Mädchen zusammen und

73

plauderten über allerlei. Es geschah dann häufig, dass der Kreis plötzlich geschlossen wurde und ich nicht mehr Teil dessen war. Die Mädchen kicherten und unterhielten sich weiter als wäre nichts geschehen. Manchmal wehrte ich mich und verschaffte mir wieder Platz zwischen ihnen. Andere Male entschied ich, etwas anderes zu tun. Heute kann ich nicht sagen, ob diese Ausgrenzungen absichtlich geschahen oder ob ich lediglich sehr sensibel auf mögliche Ablehnung reagierte.

Bild 25: Ich sang für Groß und Klein. 1985

Musikalischer Reisedienst

Ebenso begann ich im Alter von 14 Jahren mit meiner klavierspielenden Freundin zu reisen. Wir musizierten für unterschiedliche Gruppen von Menschen. Wir mussten den jeweiligen Veranstalter kontaktieren und ein zum jeweiligen Anlass passendes Repertoire auswählen, die Reisen organisieren, die Gagen aushandeln, die Verstärkeranlage einstellen und bedienen. Zusätzlich mussten wir dafür sorgen, dass ein Klavier vor Ort war. Wir mussten üben, ein passendes Outfit wählen. Es gab viele Herausforderungen und Meinungen zu unserer Musik, doch meist gab es nach vollendetem Dienst Worte des Lobes. Unser Beweggrund war allerdings nicht das Lob, sondern, dass wir mit unseren Liedern von Gott erzählen wollten. Freude am Musizieren hatten wir und somit fühlten wir uns privilegiert, dass uns jemand hören mochte. Neue Lieder fanden wir oft während der Gesangskonferenzen im Süden Norwegens und auf Schallplatten bekannter christlicher Musiker aus Skandinavien. Diese waren unsere großen Vorbilder.

Einmal im Jahr fand eine Konferenz für Chorleiter und Leiter aus den Musikbereichen der Gemeinden statt. Ich durfte als Teenager jährlich daran teilnehmen. Es waren prägende Erlebnisse, in einem Chor von 500 Sängern zu singen. Unser Chor zuhause hatte nur 15 Sänger und diese waren zwischen 11 und 70 Jahren alt. Die Chorkonferenzen waren nationale Veranstaltungen und man erfuhr von den neuen Trends und Liedern. Bei der Konferenz im Jahr 1982 schauten Sänger, wie immer, aufmerksam der Dirigentin zu. Dabei bekam ich eine einzigartige Überzeugung, ähnlich wie damals, als ich 11 Jahre alt war und wusste, ich werde in der Zukunft Menschen im Ausland von Gott erzählen. Bei dieser Konferenz wurde mir klar: „Dies bist du in ein paar Jahren." Also wusste ich ab diesem Zeitpunkt, dass ich später Chöre leiten und auch anderweitig mit Musik zu tun haben würde. Ich bereitete mich heimlich darauf vor und dirigierte vor dem Plattenspieler die besten Chöre der Welt. Ich übte noch fleißiger für meine Klavier- und Gesangsstunden. Der Kinderchor, den ich leitete, wurde für mich eine sehr wichtige Aufgabe, auf die ich mich mit aller Sorgfalt vorbereitete.

....Sängerimpuls 12

Was hat das mit dem Singen zu tun?

Neuer Input durch Konzerte, Konferenzen, relevante Lehrgänge, neue Bücher und Musik sind eine Hilfe, die Motivation für das Singen aufrechtzuerhalten. Tue was dich motiviert und sorge für regelmäßigen Nachschub für deine Motivation.

Als ich 17 Jahre alt war, betete eine Frau für mich. Danach sagte sie: „Du wirst in der Zukunft für sehr viele Menschen singen und viele Gesangsaufnahmen machen." So etwas vergisst man als junger Mensch nicht. Es erschien mir nicht selbstverständlich, dass ein ganz normales Mädchen vom Polarkreis jemals Gelegenheit dazu bekommen könnte, größeren Menschenmengen zu dienen. Doch je mehr ich daran dachte fühlte ich, ich hatte Lust dazu.

Verkündigung (Mission), Chöre und CDs wurden mir zu Zielen, auf die ich engagiert zuarbeitete. Ich sprach nicht mit Menschen darüber, sondern mit Gott. Verkündigen, Leiten und Dienen waren für mich sehr erfüllend. Ich fühlte mich nicht besonders befähigt, war aber überzeugt, dass Gott fähig ist und ich lediglich mit ihm zusammenarbeiten musste.

Lied: He is able

He is able,
more than able to accomplish what concerns me today.
He is able,
more than able to handle everything that comes my way.
He is able,
more than able to do much more than I could ever dream.
He is able,
more than able to make me what he wants me to be.

Dieses Lied ist auf der CD „Du umgibst mich" zu hören.

Sinngemäße Übersetzung:

Er ist fähig, mehr als fähig
zu lösen, was mich heute bewegt.
Er ist fähig, mehr als fähig
mit allem umzugehn, was zu mir kommt.

Er ist fähig, mehr als fähig
viel mehr zu tun als ich jemals erträumt.
Er ist fähig, mehr als fähig
aus mir zu machen, was Ihm gefällt.

....Sängerimpuls 13

Was hat das mit dem Singen zu tun?

Tonaufnahmen deiner Stimme sind eine Hilfe dabei, objektiv zu beurteilen wie du klingst. Während du selbst singst beurteilst du subjektiv was du hörst. Du hörst das Gesungene tatsächlich anders als alle anderen. Dein Höreindruck kommt teilweise von innen und teilweise von außen. (Mehr dazu in meinem Buch: „Singen, aber wie?!") Hinzu kommt, dass Teile deiner Aufmerksamkeit deinem Publikum, deinem Lied oder deinem eigenen Wohlbefinden gewidmet sind. Man kann sich nicht gleichzeitig und genau auf den Höreindruck konzentrieren. Eine Aufnahme zeigt nicht nur auditiv, sondern auch grafisch ob Tonhöhe und Rhythmik stimmen.

Tonaufnahmen werden oft für Bewerbungen bei Chören, für Projekte, Jobs oder Soloparts benötigt. Wer die Aufnahme eines selbst gesungenen Liedes nicht nur auf diese Weise nutzen möchte, kann sie auch als originelles Geschenk verwenden. Das Singen im Tonstudio ist für Sänger eine wichtige und wertvolle Erfahrung. Man muss sehr genau arbeiten und die Grenze zwischen höchstem Glück und tiefster Verzweiflung liegt sehr dicht beieinander. Man muss wandelbar sein und gute Qualität liefern. Man wächst an den Herausforderungen und wird besser.

Leistungsstark und sehr sensibel

Da ich Geld verdienen wollte, übte ich in den Ferien alle möglichen Tätigkeiten aus, die mich in ganz andere Bereiche des Lebens führten. So zimmerte ich das komplette Dach unserer Garage, verkaufte Obst und Gemüse auf dem Markt, putzte im Krankenhaus und war in der Pflege tätig.

Bild 26: Lernen und gleichzeitig Sonne tanken. 1984

In Norwegen kann man erst nach vollendeter Hauptschule mit dem Gymnasium beginnen. Die Gymnasialzeit dauert normalerweise drei Jahre. Mit 16 kam ich dorthin. Ich wählte den naturwissenschaftlichen Zweig mit den Leistungskursen Mathematik, Chemie und Physik. Da ich in diesem Alter immer noch Ärztin werden wollte, waren das die richtigen Fächer und ich liebte sie.

Ich liebte auch unsere täglichen Diskussionen zu Hause. Abends saß die Familie etwa eine Stunde beisammen und diskutierte aktuelle Themen aus Politik, Wirtschaft, Religion und Alltag.

Meine Familie legte Wert auf vernünftige Argumentation. Der Gesprächston war immer höflich, der Inhalt sachlich. Selbstverständlich diskutierte ich mit, auch bei den „Erwachsenenthemen". Damit ich nicht übersehen wurde, sorgte ich für einen entsprechend großen Unterhaltungswert. Ich plapperte viel, sang, machte Blödsinn.

Bild 27 und 28: Bei einem Skiausflug. 1982

Ich war und bin ein sehr sensibler Mensch. Für die meisten sehr sensiblen Menschen ist Gerechtigkeit ein wichtiges Thema, so auch für mich. Ich reagierte, damals wie heute, sehr empfindlich auf alles was ungerecht war. Obwohl sich meine Umgebung sehr um Gerechtigkeit bemühte, fand ich oft Dinge und Verhältnisse, die mir ungerecht erschienen. Ich ergriff das Wort zur Verteidigung anderer Menschen und sprach bis im höchsten Forum für Gerechtigkeit.

Ich wollte bedrohte Tiere schützen, unsere Umwelt retten, die Politiker beeinflussen und allen Streitereien dieser Welt ein Ende setzen - durch meine klare Meinung darüber, was gerecht sei. Ich schrieb Artikel in der Lokalzeitung, wetterte auf dem Marktplatz gegen Atomkraft und organisierte Demonstrationen für Gott und eine gerechtere Welt. Die Weiterbenutzung gebrauchter Gegenstände und fairer Handel waren und sind mir bis heute wichtig. Ich genoss wachsende Achtung und Beliebtheit und wurde gewählt, als Leiterin das politische Forum und die Verbände für Evangelisation im Bezirk und sogar auf nationaler Ebene zu repräsentieren.

Ernst und Spaß gingen Hand in Hand. Als ich 18 Jahre alt war, arbeitete ich im Sommer tagsüber im Krankenhaus und durfte bei meiner Tante wohnen. Das war der erste Sommer ohne meine Familie. Für mich war klar, dass ich zudem auf der Straße von Jesus erzählen wollte. Dazu nahm ich an einer Evangelisationsfreizeit teil. Mit anderen für Jesus „brennenden" Jugendlichen übernachtete ich in der Kirche und wir nutzten den ganzen Tag, um Menschen durch Musik, Gespräche und Literatur auf Jesus aufmerksam zu machen. Die jungen Leute in meiner Kirchengemeinde im Norden lebten ein relativ anonymes Christsein. Das war nichts für mich. Umso mehr genoss ich diese Freizeit. Danach machte ich mit den Jugendlichen in einer Hütte Urlaub. Dort beteten wir die Nächte durch, prophezeiten und sangen. Wir studierten zusammen Gottes Wort und das Leben sprudelte in ungewohnter Intensität. Es war unbeschreiblich! Zum krönenden Abschluss folgten zwei Jugendfestivals: Gute Musik, starke Verkündigung, gute Gemeinschaft - ich war jung und glücklich.

Da ich in allen Ferien arbeitete, hatte ich etwas Geld und machte den Führerschein. Die theoretische Prüfung absolvierte ich ohne einen Kurs besucht zu haben. Für den praktischen Teil jedoch benötigte ich viele, teure Fahrstunden. Zudem nutzte ich mein Geld, um an verschiedenen musikalischen Fortbildungen teilzunehmen und in einer Oper mitzusingen. Ich durfte vielseitige Erfahrungen sammeln und das war sehr bedeutsam für mich.

Was hat das mit dem Singen zu tun?

Die Vergabe von Sängerjobs im ehrenamtlichen wie im bezahlten Bereich geschieht erfahrungsgemäß recht zufällig. Effektive Manager und Organisatoren (allerdings meist ohne Ahnung von Musik) besetzten die Stellen nach eigenem Geschmack, mit zufällig willigen Verwandten und Bekannten (siehe Kommentar zu Missbrauch, Seite 56).
Informiere die Leiter über deinen Werdegang und wie du dich bei Bedarf einbringen möchtest. Wer Sängerjobs zu vergeben hat läuft nicht herum und denkt an dich, es sei denn, du machst dich bemerkbar, hörbar und sichtbar. Ich mache es meist indem ich eine CD von mir verschenke.

Jungs

Wer hat da noch Zeit für Jungs? Zeit dafür hätte ich schon gefunden, hätte irgendein passender zur Auswahl gestanden. Die Jugendlichen aus umliegenden Gemeinden führten ein Leben mit häufigem Partnerwechsel. Deshalb fand ich diese Jungs nicht heilig genug. Ich wollte einen Freund, der Gott mehr lieben sollte als mich und auch dadurch Gott wohlgefällig leben sollte. Zudem wäre es sehr gut, wenn er kochen könnte und musikalisch wäre. Ein Pianist! Mit ihm würde ich auch tanzen.

Tanz ist nicht einfach Romantik. Tanz ist Ausdruck von Freude. Ich hätte sehr gerne getanzt, aber meine Eltern erlaubten es nicht; aus Angst, ich könnte in schlechte Gesellschaft geraten. Tanzen war unter Christen nicht üblich. Inzwischen hole ich es ein wenig nach. Im Alter von 42 Jahren begann ich Tanzunterricht zu nehmen, Hip Hop. Ich liebe es.

Lied: Dancing

Dancing!
I am dancing for my Jesus
who´s in heaven.

When I think about my Jesus I am happy.
When I think about my Jesus I will dance.

Clapping!
I am clapping for my Jesus
who´s in heaven.

When I think about my Jesus I am happy.
When I think about my Jesus I will clap.

Jumping!
I am jumping for my Jesus
who´s in heaven.

When I think about my Jesus I am happy.
When I think about my Jesus I will jump.

(c) Kay Wächter
T.: Andre Wächter, Benjamin Wächter, Kay Wächter, M.: Kay
Wächter
Zu diesem Lied gibt es leider kein Hörbeispiel.

Gesundheit

Bereits im Teenageralter war ich oft erschöpft und krank. Ich ging zum Arzt, nahm Antibiotika, inhalierte, trank Vitamin C und machte alles was einem helfen sollte, gesund zu werden. Als es auf das Abitur zuging, hatte ich noch langwierigere Hals-Nasen-Ohren-Infekte als sonst. Im Jahr des Abiturs war mein Vater zudem in Süd-Norwegen. Er hatte eine neue Stelle angenommen und wollte später mit der Familie umziehen. Er wollte prüfen, ob ihm die neue Arbeit gefiel, ein Haus kaufen und das Klima wie auch das neue Leben im Süden auskundschaften. Mein älterer Bruder studierte in einer anderen Stadt und somit war ich die, die Schnee schaufeln und das Auto in Ordnung halten musste. Bei den Unmengen Schnee im Norden Norwegens war das Schneeschippen eine sehr anstrengende Aufgabe.

Ich hatte große Freude daran, zu arbeiten und ein aktives Leben zu führen. Trotz meiner Zwangspausen in Form von Krankheit hatte ich immer ausreichend Gesundheit für das, was ich tatsächlich bewältigen wollte. Ich bin stolz auf meinen Körper, denn er hat mir stets gedient und geholfen. Dies, obwohl ich ihm sehr viel zumutete und ihm wenige Pausen gönnte.

....Sängerimpuls 15
Was hat das mit dem Singen zu tun?

Das Singen ist das Leben. Kümmere dich um deinen Körper, deine Seele und deinen Geist, wenn du krank bist, aber nicht nur dann, sondern immer. Krankheit kann ein Notschrei des Körpers, der Seele und des Geistes sein, weil er oder sie vernachlässigt wurde. Wenn es dir in deinem Leben nicht gut geht, wird das Singen darunter leiden. Lege alles ab, was dir nicht gut tut. Man kann das Wohlbefinden absichtlich mit Gesang in Gang setzen und es wirkt sich heilend auf dein ganzes Leben aus. Harmonische Töne wecken Leben in dir.

Studium

Bis zu diesem Zeitpunkt dachte ich, ich würde unmittelbar nach dem Abitur Medizin studieren, um danach als Ärztin sofort aufs Missionsfeld zu gehen. Total überraschend fiel jedoch eine Klausur sehr ungut aus. Ich bekam die zweitschlechteste Note, die man überhaupt bekommen konnte. Somit war klar, dass ich in Norwegen nicht sofort studieren konnte. Der Notendurchschnitt musste besser sein. Für ein Studium in Deutschland waren meine Noten gut genug und ich nahm mir vor, in Deutschland Medizin zu studieren. Dafür war es nötig, mein Deutsch aufzufrischen. Dies ging am besten durch einen Aufenthalt in Deutschland.

Hinzu kam, dass ich während der Abitur-Phase sehr viel Zeit in die Schule gesteckt hatte, und nun wollte ich meine musische Seite etwas genießen. Ein kombiniertes Studium, Musik und Theologie, wäre mir sehr angenehm gewesen. Bei meiner Recherche fand ich zwei Hochschulen im Pfingstlich-Charismatischen-Bereich, die ein Kombinationsstudium aus Musik und Theologie anboten. Eine in Schweden und eine in Deutschland. Ich bewarb mich bei beiden Hochschulen, hatte aber eine Abmachung mit Gott, dass ich bei einer Zusage beider Schulen die deutsche bevorzugen würde. So könnte ich parallel meine Deutschkenntnisse für das nachfolgende Medizinstudium verbessern.

Ich bekam relativ schnell eine Zusage der schwedischen Schule. Das war eine Ehre für mich. Doch sie gaben mir eine sehr kurze Frist, verbindlich zu antworten, ob ich diesen Platz nehmen würde oder nicht. Und ich hatte noch keine Antwort von der deutschen Hochschule. Was tun? Ich hatte ja eine Abmachung mit Gott. Der Briefträger kam am letzten Tag der Frist und ging wieder, ohne mir eine Nachricht aus Deutschland zu bringen. Eine Stunde, bevor ich in Schweden meine Antwort abgeben musste, rief mich ein Lehrer der deutschen Schule an und sagte, dass ich dort angenommen sei. Meine Freude war überwältigend groß. Ich wusste, Gott hatte seine Hand im Spiel. Mir war klar, dass ich zu dieser Schule in Deutschland gehen sollte. So buchte ich einen Flug und nutzte den Sommer, um meinen Eltern beim Umzug zu helfen.

Meine Eltern wollten in der Nähe der vielen Verwandten und Freunde leben, die bereits im Süden Norwegens wohnten. Mein Vater hatte bisher immer Sehnsucht nach seiner Familie. Das regnerische Wetter und die Dunkelheit im Winter schlugen ihm aufs Gemüt und die Chance, uns Kinder in der Nähe zu haben, waren mit einem Leben im Süden deutlich höher als mit einem

Leben im Norden. Doch da musste ich meine Eltern enttäuschen. Die geografische Nähe ergab sich seither nicht mehr und ich wohnte immer weit weg von ihnen.

Dann, eines Tages, fand ich mich im Flugzeug wieder. Allein. Ich dachte: „Was in aller Welt tue ich? Bin ich verrückt, mein Land und alles mir Bekannte hinter mir zu lassen? Das könnte ein kompletter Reinfall werden." Aber mein Vertrauen auf Gott und Seine Führung machten mir Mut. Es war spannend, im Ausland zu sein. Ich wurde vom Flughafen abgeholt und schaffte es tatsächlich zu kommunizieren. Während meiner ersten Autofahrt in Deutschland bestaunte ich die schönen Fachwerkhäuser und den Überfluss an Äpfeln.

Mit Apfelbäumen an allen Seiten tauchte das Schulgebäude in Rudersberg vor mir auf. Meine Spannung, was mich hier erwarten würde, war groß. Mit der Zeit erwies sich diese Hochschule als goldrichtig. Gott sei Dank! Menschen aus 12 Nationen wohnten in dem Internat und alle brannten dafür, das Evangelium zu verbreiten.

Ich wurde herzlich willkommen geheißen und teilte das Zimmer mit einem deutschen und einem Mädchen aus England. Trotz unterschiedlichen Gewohnheiten und Vorlieben hatten wir nie Streit und für mich war es sehr interessant, die verschiedenen Lebensweisen zu beobachten und auszuprobieren.

Die beiden Interessensgebiete - Mission und Musik - waren und sind zwei wichtige Puzzlestücke in meinem Leben. Die Hochschule bot Ausbildung und Vorbereitung für genau diese Puzzlestücke. Hier durfte ich im Chor eines jungen, modernen, erfolgreichen Dirigenten singen und erhielt Gesangsunterricht von einer feinen, amerikanischen Dame. Beide sind große Vorbilder für mich und ich schätze von Herzen, was sie mir beigebracht haben. Bei dem Dirigenten lernte ich, Musik immer mit Genuss zu verbinden. Die Amerikanerin brachte mir Fleiß als Gottesdienst bei. Nicht nur das fertige Produkt zählt, sondern auch der Weg dorthin.

Dass wir im Schulinternat als Menschen aus 12 verschiedenen Nationen unter einem Dach wohnten, war Missionsvorbereitung pur! Ich war die jüngste Schülerin dieser Schule. Die meisten hatten bereits abgeschlossene Berufsausbildungen oder ein Studium hinter sich. Einige Schüler trugen Anzüge, während ich in verwaschenen Jeans herumlief.

Ich kam aus einer Vergangenheit, in der ich in jeder Hinsicht ziemlich perfekt gewesen war. Es gab keinen Übergang vom Kind-Sein, zu der Verantwortung einer Erwachsenen. Meine Jugend begann für mich mit 19 Jahren, auf dieser Hochschule. Ich hatte so viel Spaß: An den Fächern, die mir im Leben am wichtigsten waren, am bunten Treiben des Internatslebens, im Jugendchor und bei den Reisen. Die Schule veranstaltete Missionsaktionen im In- und Ausland, wodurch ich 12 verschiedene Länder besuchte. Da wir bei Gastfamilien wohnten, lernten wir diese Länder auf eine sehr persönliche und authentische Weise kennen.

Bild 29: Während der Bibelschule durfte ich 12 verschiedene Länder bereisen, um dort zu singen und auf andere Weise von Jesus zu erzählen. 1987

Was hat das mit dem Singen zu tun?

Ergreife das Leben. Singe! Wenn sich die Möglichkeit bietet, in unterschiedlichen kulturellen Settings zu leben und zu singen, ergreife sie. Ein breiter Erfahrungsschatz hilft dir, Flexibilität in deinem Leben und deinem Singen zu gewährleisten. Musik lebt von Flexibilität und Vielseitigkeit. Wandelbar zu sein und Improvisationstalent zu besitzen sind auch in der Theaterkunst sehr gefragt. Singen hat viel mit Schauspielerei zu tun. Beim Auslegen und Reproduzieren musikalischer Werke ist es unbedingt nötig, sich in das Leben und die Absicht des Komponisten hineinversetzen zu können. Nur so kann durch Gesang effektvoll kommuniziert werden. Deine vielseitige Erfahrung liefert dir das nötige Gefühl für die unterschiedlichen Situationen, die du durch Gesang ausdrücken sollst. Ohne echtes Gefühl und passende Erfahrung lässt sich manches nicht authentisch ausdrücken.

Als ich an der Hochschule studierte, brach ich die Hausregeln. Nachdem ich fast nie in meinem Leben etwas Unerlaubtes getan hatte, war dies eine große Sache für mich. Ich verließ manchmal nach 22 Uhr verbotenerweise das Haus und legte einen Stein zwischen Haustür und Türrahmen, damit ich später wieder hineingelangen konnte.

Die Hausregeln existierten zu unserem Schutz. Trotzdem war es nicht möglich, uns Schüler vor allen Gefahren zu beschützen. Ich lief oft allein durch die Wälder, um konzentriert und ausgiebig beten zu können. Oft nahm ich meine Hausaufgaben mit und studierte draußen. Einmal saß ich auf einer einsamen Apfelwiese und las. Ein etwa 30-jähriger Mann kam auf mich zu und ich sah sofort die Gelegenheit, ihm von Jesus zu erzählen und ihn zu einem Konzert unseres Chores einzuladen. Er kam mir dabei näher und näher und versuchte mich festzuhalten. Ich witterte Gefahr und schaffte es, mich zu befreien und wegzulaufen. Er rannte mir nach, aber ich war schneller und entkam ihm. Ich danke Gott für Seinen Schutz, denn das hätte gefährlich werden können.

Lied: Wie ein Regenschirm

Wie ein Regenschirm vor Nässe schützt,
so schützt mich dein Name, Herr.
Wie der Vogelflügel Junge schützt,
ist deine Liebe über mir.

Ob bei Tag oder Nacht
ich weiß ich werd` bewacht.
Ich bin so gern bei dir.
Ich bin sicher bei dir.
Hab´ Dank dafür.

Ich kann keine Engel sehen hier.
Doch ich weiß, sie sind mir nah.
Engel passen auf mich auf.
Überall sind sie für mich da.

(c) Waechter Media, Thomas Wächter, www.waechter-media.de
T.: Gabriele Wächter, M.: Kay Wächter
Hierfür gibt es leider noch kein Hörbeispiel.

Gefühle kontra Gewissen

Mittlerweile war ich 19 Jahre alt und hatte noch nie einen Freund gehabt. Ich war ungeküsst und voller Sehnsucht danach. In meiner vorherigen Schule wurden öffentlich Zärtlichkeiten ausgetauscht und damit geprahlt. Meine Unberührtheit machte mich schon in dieser Hinsicht zu einer Außenseiterin.

An der Hochschule war es verboten sich zu verlieben, aber dieses Gebot brach ich bereits eine Woche nach meiner Ankunft dort. Ich verliebte mich Hals über Kopf in einen jungen, lustigen Mitschüler. Wir liefen ab und zu alleine im Wald, er lud mich zum Pizzaessen ein und wir trafen uns abends in den Kellerräumen der Schule. All dies war verboten. Da war keine wirklich große Sünde im Spiel, außer dass ich die Hausregeln brach. Und das gerade dort, wo man, mehr denn je, Heiligkeit leben sollte. Diese Schulzeit sollte eine Zeit der besonderen Hingabe an Gott und sein Wort sein.

Der Vater einer Mitschülerin erfuhr von meiner Freundschaft und fragte mich, ob ich einen Ruf als Missionarin in das Land meines Freundes hätte. Als ich verneinte meinte er, dass ich mit dem jungen Mann „spielen" würde. Das traf den Nagel auf den Kopf. Ja, genau das tat ich irgendwie. Es war nicht absichtlich oder um diesem jungen Mann zu schaden. Ich war einfach verliebt und ich genoss es, mich heimlich mit ihm zu treffen. Da unsere Freundschaft jedoch keine Zukunft hatte, war es ein gefährliches Spiel mit unseren Gefühlen. Denn romantische Freundschaften sollten immer Ehe und Familie als Ziel haben. Romantik ohne solch ein Ziel empfand ich als falsch. Durch das Brechen meiner eigenen Prinzipien bekam ich ein Gefühl von Scham vor Gott und den Menschen. Ich benötigte Gottes Vergebung und Befreiung von meinen Gefühlen für diesen Mann. Beides erhielt ich, doch es dauerte viele Monate, bis der Heilungsprozess in meinem Herzen vollendet war.

Lied: Hier bin ich

Du hast deine Herrlichkeit verlassen und wurdest einer von uns.
Dein Leben hast du für mich gelassen.
Du gingst für mich in den Tod.

Und hier bin ich, befreit von meiner Schuld.
Hier bin ich, befreit von meiner Last.
Hier bin ich, geheilt von meinem Schmerz.
Hier bin ich, ganz frei durch dich.

Du hast das Beste für mich gegeben
und alles für mich getan.
Dir leg ich hin mein ganzes Leben.
Dich allein bet´ ich an!

Gott hat dich in Herrlichkeit erhoben,
gab dir den höchsten aller Namen.
Dich soll der ganze Erdkreis loben.
Jesus, du bist Herr.

Amen

Versorgung

In meinem Elternhaus waren alle, nach norwegischen
Verhältnissen, sparsam. Trotzdem bekam ich alles, was ich an
Schulmaterial, Kleidung, Essen und Unterkunft benötigte.
Verglichen mit den Deutschen war ich plötzlich unglaublich reich.
So dachte ich. Bis ich einen Brief von der norwegischen Bafög-
Behörde erhielt, der besagte, ich würde keine Unterstützung vom
Staat bekommen. Weder als Geschenk noch als Darlehen. Dies
war ein unerwarteter Schock für mich, denn die Schule erfüllte
alle nötigen Kriterien, damit ich eine staatliche Unterstützung
erhalten könnte. Ich hatte fest damit gerechnet. Alle Norweger
studierten damals wie heute mit Staatsdarlehen. Meine Eltern
hatten gerade ein Haus und ein Auto gekauft. Ich wollte meinen
Eltern deshalb nicht durch meinen Gehorsam Gott gegenüber zur
Last fallen. Also bat ich sie nicht darum, mich finanziell zu
unterstützen. Mein unbefristet gültiges Flugticket zurück nach
Norwegen hatte ich allerdings bereits vor der Reise nach
Deutschland gekauft.

Ich traf eine Abmachung mit Gott: Solange mir das Geld reicht,
würde ich auf der Hochschule bleiben. In der Schule gab es
etwas Aufsehen um mich, denn nie zuvor war ein Schüler aus
Skandinavien dort gewesen. Gerade deswegen erfuhr niemand
von meiner finanziellen Lage. Es war mir peinlich, gerade
gekommen zu sein und wahrscheinlich bald wieder abreisen zu
müssen.

Lied: Ich bin da

Ich bin da.
Ich bin immer für dich da!
Ich bin da, auch wenn du mich nicht siehst.
Ich bin da, bin dir ganz nah.
Ich bin da.
Ich bin immer für dich da.

Weht dir der Wind auch ins Gesicht,
vertraue mir, denn ich geh mit dir.
Bist du verzweifelt, weinst du bitterlich,
dann tröste ich dich Tag für Tag
und wische dir alle Tränen ab.
Ich werde alles zum Guten wenden.

Setz deine Hoffnung nur auf mich.
Vertraue mir bis zum letzten Schritt.
Denn ich bin bei dir.
Ich verlass dich nicht.
Ich reiche dir den Siegeskranz
und nehm´ dich mit in mein neues Land.
Ich werd´ alles zum Guten wenden.

(c) 2011 Janz Musikverlag, adm. by Gerth Musikverlag, Asslar
T.: Alexandra Ziegler, M.: Kay Wächter
Dieses Lied ist auf der CD „Gott kann" zu hören.

Dann begannen die Wunder: Anonyme Geldbriefe, an mich adressiert, mit deutschem Stempel. Dies obwohl ich in Deutschland keinen Menschen kannte. Ein Postbote schenkte mir sein Trinkgeld und nette Omas drückten mir einen Geldschein in die Hand, wenn ich sie einfach nur begrüßte. Mein erster Eindruck von den unfreundlichen Deutschen hatte keinen Bestand. Kurz gesagt, mein Schulgeld wurde auf wundersame Weise beglichen! Ich durfte einen kleinen Teil vom Schulgeld durch den Küchendienst abarbeiten und spülte jeden zweiten Tag sämtliches benutztes Geschirr der Schule.

Das Schulgeld deckte den Unterricht und die Unterkunft mit Vollpension. Kosten für den persönlichen Bedarf musste ich auf andere Weise decken. Ich hatte kein Geld für Chorbeiträge, Shampoo, Schreibblöcke, das Wichteln und für vieles andere mehr. Auch hier erfuhr ich sehr viele Wunder. Jemand gab mir Zahnpasta genau an dem Tag, an dem meine aufgebraucht war. Ich bekam einen Kugelschreiber an dem Tag, an dem meiner leer im Mülleimer landete. Kleider wurden an die Schule gespendet und ich fand genau das, was ich benötigte. Die Mutter eines der Chormitglieder gab mir ein Leintuch, das ich so dringend als Kostüm für den Chor benötigte. Dies sind nur Beispiele. Manchmal fragte ich mich, ob mir jemand hinterherspionieren würde, damit man genau wusste, was ich wann benötigte. Aber heute glaube ich, dass Gott verschiedene Menschen beauftragte, mich mit diesem und jenem zu versorgen.

Einmal wollte ich einer Lehrerin ein Geschenk kaufen. Sie hatte gerade ein Kind geboren und ich besuchte sie im Krankenhaus. Meine finanziellen Mittel waren bescheiden und ich suchte in den Läden nach einem bezahlbaren Geschenk. Plötzlich fand ich es: ein Stück Seife. Eigentlich viel zu unscheinbar für ein Geschenk, aber ich hatte nicht mehr Geld. Als ich es meiner Lehrerin schenkte, erzählte sie mir, dass sie gerade Seife brauchte. Sie hatte vergessen, eine einzupacken, als sie zur Klink fuhr. Schenken macht Freude!

Ich erinnere mich besonders an ein Wochenende, an dem ich mit unserem Chor zum Singen zu einer Konferenz fahren durfte. Essen und Übernachtung kosteten 90 DM, die ich nicht hatte. Ich hatte eine Mitfahrgelegenheit und wollte gerade aufbrechen, ohne Geld. Minuten bevor ich gehen musste kam ein Mann auf mich zu. Er gab mir 100 DM. Also waren 10 DM übrig, um sie in die Kollekte zu legen. Das tat ich dann auch.

Bei einer anderen Gelegenheit, nach einem Konzert, kam ein Amerikaner auf mich zu. Er wollte mein gesamtes Schulgeld für das kommende Schuljahr bezahlen: 12.000 DM. Ich befürchtete, er wollte mich als Schwiegertochter haben oder dergleichen. Um herauszufinden, was er mit diesem Geldgeschenk beabsichtigte, musste ich ihn besser kennenlernen. Er kam nach Norwegen zum Predigen und ich meldete mich als seine Übersetzerin. Dabei fand ich heraus, dass er mir das Geld einfach schenken wollte, völlig ohne Hintergedanken. Er wollte in mich und in den Dienst, den ich für Gott tat, investieren. Unglaublich!

Lied: Gott, du bist groß

Gott, du bist groß,
ein Gott der Wunder tut.
Gott, du bist groß,
dir gehören Macht und Stärke.
Ewig auf dem Thron,
du bist groß.

Behutsamer Tröster, der unser Rufen hört.
Die Hoffnung aller Menschen,
die Rettung für die Welt.
Allmächtig bist du,
Großes hast du vollbracht.
Wir sehen deine Taten,
erfahren deine Kraft.

Barmherziger Retter, der uns`re Schuld einlöst.
Dir geben wir die Ehre!
Dich wollen wir erhöh`n.
Unendlich bist du,
Wunder hast du vollbracht.
Wir hoffen auf dein Kommen,
erblicken deine Macht.

(c) 2011 Janz Musikverlag adm. by Gerth Medien Musikverlag, Asslar
T.: Kay Wächter, Alexandra Ziegler, M.: Kay Wächter
Dieses Lied ist auf der CD „Gott kann" und hier zu hören:
http://youtu.be/c5-xxZf-F0k

Hier könnte ich unzählige Erlebnisse erzählen, wie Gott fürsorgend in mein Leben eingriff. Die Versorgungswunder hören bis zum heutigen Tag nicht auf. Ich diene einem überaus reichen Gott! Er beschenkt mich sehr. Es ist immer genug da gewesen, von allem, was ich brauchte.

Das fühlte sich jedoch nicht immer so an. Häufig fühlte ich mich geplagt, wenn ich mit dem Wenigen arbeiten musste, was vorhanden war. Es ist sehr zeitintensiv, ohne „normale Hilfsmittel" auskommen zu müssen. Wenn mir zum Beispiel das Geld zum Anfertigen von Kopien fehlte, musste ich alles von Hand abschreiben. Aber ich kam durch. Ich hatte sogar Überfluss und konnte immer wieder auch andere Menschen beschenken. Im Nachhinein kann ich die Möglichkeit, zu schenken, Überfluss nennen, doch damals wie heute war und ist das Schenken für mich eine bewusste Investition. Man muss säen, um ernten zu können. Ich nahm und nehme die Dinge oder das Geld von dem, was ich eigentlich selbst so dringend benötigte und benötige. Ich fand es nie leicht, einfach zu vertrauen, dass Gott sich rechtzeitig um meine Bedürfnisse kümmern würde. Bevor all diese Wunder geschahen, machte ich mir Sorgen, wo dies alles, das ich brauchte, herkommen sollte.

Alles perfekt?

Als ich das Schulgeld zusammen hatte, hatte ich aufgrund meiner Gesundheit Mühe, den Unterricht zu nutzen. Im dritten Semester bekam ich sämtliche Kinderkrankheiten, die es gab. Gegen Kinderkrankheiten gibt es keine Kur, außer schlafend die Heilung abzuwarten. Ich war erwachsen und ich wurde sehr krank, mit hohem Fieber. Einige Kinderkrankheiten sind von Halsschmerzen begleitet und nahmen mir somit die Stimme.

Lied: Gott kann

Gott kann alles zum Besten wenden.
Gott kann unfassbar Großes tun.
Gott kann Trauer in Freude verwandeln.
Nichts ist unmöglich, er kann Wunder tun.

Ganz gleich was andere meinen,
ob sie sein Wort verneinen.
Eines weiß ich ganz gewiss.
Gott kann Wunder tun!

Er macht Blinde wieder sehend,
hilft dem Lahmen zu gehen.
Sein Herz schlägt für jeden Mensch.
Gott kann Wunder tun.

Ein Jahr lang war ich öfter krank als gesund. Deshalb sollte ich
für ein paar Wochen nach Hause reisen, um wieder zu Kräften zu
kommen. Mit einer Bronchitis fuhr ich mit dem Zug von
Deutschland aus zu meinen Eltern. Das dauerte 23 Stunden.
Beim Umsteigen in Hamburg lief ich mit meinem schweren
Rucksack die langen Treppen hoch und hustete dabei so stark,
dass ich mir vier Rippen brach. Nach einigen Wochen
Genesungszeit kam ich zur Hochschule zurück und setzte das
Studium fort.

....Sängerimpuls 17

Was hat das mit dem Singen zu tun?

*Es ist noch nicht völlig erforscht, was einen krank oder gesund
macht, aber schlechtes Gewissen und ungesunde Gewohnheiten
sollte man aus dem Weg räumen, um gut singen zu können. Die
Stimme zeigt sofort, wenn etwas nicht stimmt. Manchmal fordert
der Körper einfach mehr Ruhe oder ein Aufräumen im Leben.
Wenn du bekommen hast, was du für deine Gesundheit bauchst,
kannst du auch besser singen.*

Junge Erwachsene

Nach zwei Jahren Theologie- und Musik-Studium in Deutschland brach ich ab. Im zweiten Schuljahr war ich mehr krank als gesund und sah keinen anderen Ausweg, als in Norwegen weiterzumachen. Die Ärzte meinten, die für mich „neuen" Viren und Bakterien würden die Krankheiten verursachen und ich müsste Deutschland unbedingt verlassen.

Mit dem Neuanfang in Norwegen begann auch mein Lebensabschnitt als junge Erwachsene. Während meines 21. bis 28. Lebensjahres absolvierte ich das Musiklehrerstudium in Norwegen, heiratete, war ein halbes Jahr als Austauschstudentin in den USA, bekam zwei Kinder und hatte gemeinsam mit meinem Mann unsere erste Kirchen-Gemeindeleiter-Stelle an der Schweizer Grenze inne. Wir fungierten dort als Pastorenehepaar und ich war glücklich. Mein Mann nicht. Er empfand es als Konflikt, Pastor zu sein. Sein Herz brannte schon damals für die Musik. Ich jedoch, konnte mich in unserer Kirchengemeinde für mich ausreichend musikalisch entfalten. In dieser Zeit durften wir unsere ersten Musikaufnahmen im Tonstudio machen und ich erteilte Gesangsunterricht.

Lied: Die Augen des Herrn

Die Augen des Herrn achten auf alle die, die ihn fürchten.
Die Augen des Herrn achten auf alle, die auf seine Gnade hoffen.

Darum sei getrost.
Vertraue ihm allein.
Er bewahrt dich in der Not.
Er gibt deinem Leben einen sich´ren Halt.

Darum schau auf ihn,
denn er gibt guten Rat.
Seinen Augen führen dich.
Wie helle Feuerflammen sind sie dir ein Licht.

Kursänderung

So, nun war ich aber erst einmal wieder in Norwegen. Aber was sollte ich hier? Während ich im Krankenhaus jobbte, bewegte mich ein Erlebnis zu einem Richtungswechsel. Ein alter Mann starb während ich ihn fütterte. Er war bereit für die Ewigkeit. Er war Prediger gewesen. Er war sehr alt und lag im Sterben. Aber die Tatsache, dass ich ihn höchst wahrscheinlich durch das Essen, das ich ihm gab, getötet hatte, war mir eine Last, die ich im Berufsleben nicht tragen mochte. Ärzte entscheiden häufig über Leben und Tod der Menschen und diese Verantwortung war ich nicht bereit zu tragen. Somit begrub ich meinen Kindheitstraum, Ärztin in Afrika zu werden.

Einen Beruf sollte jedoch jeder Mensch haben. Dies war die klare Überzeugung, die mir durch mein Elternhaus eingetrichtert worden war. Pädagogik, die Lehre, wie man jemandem etwas beibringt, schien mir eine gute Sache und zudem missionarisch zu sein. Und, ich hatte eine natürliche Begabung dafür. Als ich einen Gabentest machte, stellte sich das Unterrichten als meine stärkste Gabe heraus. Gefolgt von Musik, Mission, Glaube und Führung. Ich hatte nie vor, in einer „normalen" öffentlichen Schule zu arbeiten. Ich bildete mich weiter, um so gut wie möglich im Reich Gottes dienen zu können. Mein erfolgreicher Studienabschluss ist nur ein Blatt Papier, das ich, wenn nötig, vorweisen kann. Dieses Papier hat mir mehrmals geholfen, bezahlte Arbeit zu finden.

97

Bild 30: Ich durfte immer wieder für Menschen singen. 1987

An der Hochschule in Deutschland hatte ich Aufbaustudiengänge in den Fächern Musik und Religion absolviert. Die Möglichkeit, durch Musik zu missionieren, war mir in der Zeit in Deutschland eröffnet worden. Es war nicht nur möglich Ärztin und Missionarin zu sein, sondern auch Musikerin, beziehungsweise Musiklehrerin und Missionarin. Dafür benötigte ich jedoch mehr musikalische Kompetenz und begann, Gesang in der Hochschule in Norwegen zu studieren. Parallel dazu absolvierte ich das Studium zum Lehramt in den Fächern Musik, Mathematik, Religion und Norwegisch.

....Sängerimpuls 18
Was hat das mit dem Singen zu tun?

Ich kenne keine schnellere Art selbst etwas zu lernen, als jemand anderem beizubringen was ich selbst gründlicher lernen will. Hierbei werden meine eigenen Wissenslücken, zum Beispiel beim gesangstechnischen Können, aufgedeckt und ich rege mich selbst dazu an, sie sofort zu füllen, damit ich gut unterrichten kann. Das Unterrichten hilft, das Üben zu priorisieren und sich zu perfektionieren. Wenn ich merke, dass ich mich beim Unterrichten unklar ausgedrückt habe, habe ich meist selbst noch nicht wirklich verstanden, um was es tatsächlich geht. Dies blieb mir jedoch verborgen, bis ich begann zu lehren.

Liebesgeschichte

In der Zeit meines Studiums in Norwegen beschäftigte mich ein junger Mann mehr als alle anderen jungen Männer: Kay Wächter! Wir begegneten uns bereits ein paar Jahre zuvor, an der deutschen Hochschule. Dort waren wir jedoch ein musikalisches Paar, kein Liebespaar.

Lied: Amazing love

Amazing love has touched my heart,
has given me a brand new start.
Amazing love is flowing free,
giving all and its best for me.
I have found amazing love.
I've found amazing love.

You came from a far,
the bright shining morningstar.
A ray of love, a ray of care,
good news for me to share.
I've found amazing love.

You are wonderful.
You are beautiful.
You are marvellous to me.

(c) T. + M.: Kay Wächter, Jnr. Robinson

Kay spielte sehr gut Klavier, so wurde ich auch auf ihn aufmerksam. Auch heute spüre ich häufig Wellen des Verliebtseins, wenn er so wunderschön spielt. Gemeinsame Interessen verbanden uns von Anfang an. Uns beiden war Gott das Wichtigste im Leben und wir wollten Ihm durch Musik dienen. Die Tatsache, dass dies finanziell nahezu unmöglich ist, war uns schon damals klar. Dennoch waren wir fest entschlossen, dies trotzdem anzustreben und waren beide der Überzeugung, dass Gott uns in einem zukünftigen - vielleicht musikalischen - Vollzeit-

Dienst versorgen würde. Ich bewunderte Kays Hingabe an Gott, seinen Fleiß beim musikalischen Üben, sein musikalisches Können und seine Kochkünste. Er ist ein ganz besonderer Mann!

Kay und ich wurden zu verschiedenen Anlässen eingeladen, gemeinsam zu singen und zu spielen. Dadurch durften wir Zeit miteinander verbringen. Beim Üben, beim Reisen, auf und hinter der Bühne. Wir wurden gute Freunde. Wir erlebten gemeinsam wunderschöne Erfolge und spannungsvolle Vorbereitungen. Auf einer der langen Reisen hörten wir Walkman; wir hatten jeder einen Kopfhörer im Ohr. Und dann hörten wir plötzlich dieses Lied:

Lied: Household of faith

Here we are at the start
committing to each other by your will and from our hearts.
We will be a family in a house that will be a home.
With faith we´ll build it strong.

We build a household of faith that together we can make.
When the strong winds blow it won´t fall down.
As one in Him we´ll grow the whole world will know:
We are a household of faith.

Now to be a family we´ve got to love each other at any cost,
unselfishly.
And our home must be a place that fully abounds with grace,
a reflection of his face.

Sinngemäße Übersetzung: Hier stehen wir am Anfang unserer Ehe und schenken uns einander. Dies ist dein Wille und unser Herzenswunsch. Wir werden eine Familie sein, in einem Haus, das ein Zuhause sein wird. Wir werden unser Zuhause bauen, sodass es stark sein wird.

Wir bauen gemeinsam unser Zuhause auf den Glauben. Wenn die starken Winde wehen, wird unser Haus stehen bleiben. Wir werden wachsen und mehr und mehr eins werden mit Gott. Dann wird die ganze Welt erfahren, dass wir eine Familie des Glaubens sind.

Um eine Familie zu sein, müssen wir einander selbstlos lieben, egal was es uns kosten wird. Unser Zuhause muss ein Ort der überfließenden Gnade sein und Gottes Angesicht reflektieren.

Wir hörten oft zusammen Lieder an, aber dieses Lied verursachte bei uns beiden ein merkwürdiges Gefühl, als sollte es mit unser beider Leben zu tun haben. Wir waren damals jedoch kein Paar und somit war dieses Erlebnis ziemlich verwirrend für uns.

Wir hatten öfter starke Erlebnisse zusammen. Beispielsweise, wenn Menschen durch unsere Musik von Gott berührt wurden. Da entstand der Wunsch, Gott ein Leben lang musikalisch zur Verfügung zu stehen. Aber, gemeinsam mit Kay? Da war ich mir noch nicht sicher.

Etwas später hatte ich einen Traum, der sich mir einprägte: Ein etwa fünfjähriges Mädchen mit braunen Locken kam auf mich zu und sagte: „Mama, Mama, du lügst! Du hast gesagt, dass du und Papa am selben Tag Geburtstag haben, aber das gibt es nicht. Man kann Weihnachten am selben Tag haben aber Geburtstag nicht. Das sagen die Kinder in der Straße." Ich erzählte diesem Mädchen, dass die Aussage der anderen Kinder meist stimmt. In unserem seltenen Fall jedoch sei es aber tatsächlich so, dass wir beide am gleichen Tag Geburtstag hätten und ich nicht gelogen hätte.

Kurz danach wurden am schwarzen Brett der Schule die Geburtstage der Studenten bekanntgemacht. Es war ein komisches Gefühl zu lesen, dass Kay am selben Tag Geburtstag hat wie ich. Ich behielt dieses Erlebnis jedoch wie einen Schatz im Herzen. Vielleicht hatte das etwas mit meiner Zukunft zu tun?

Klarheit darüber bekam ich nicht sofort. Kay fragte mich zwar, während eines Missionseinsatzes, ob ich seine Freundin sein wollte, aber ich war mir unsicher und konnte weder ja noch nein sagen. „Ja" nicht, weil ich nicht so richtig verliebt war. „Nein" nicht, weil vieles stimmig war zwischen uns. „Warte, nicht jetzt", war meine Antwort. Kay wartete daraufhin und sprach mich nicht mehr darauf an. Er wartete, bis er in Florida sein Praktikum machte und ich in Norwegen studierte.

In dieser Zeit wurden wir Brieffreunde. Kay schrieb, wie sehr er mich liebte und ich schrieb über das Wetter und andere unwichtige Dinge. Eines Tages hatte ich jedoch den starken Eindruck, ich sollte Kay in Amerika anrufen. Es war teuer, ich hatte keine Nummer von ihm und ich hatte nichts, was ich ihm sagen wollte. Aber dieser Eindruck ließ mich nicht los. So rief ich die Auskunft an und bekam die Telefonnummer der Kirche, in der er Praktikant war. Zudem erhielt ich einige Nummern von dort angestellten Personen. Ich wählte eine der Rufnummern und traf tatsächlich beim ersten Versuch auf das Haus, in dem Kay war. Ich hatte mich jedoch bei der Zeitverschiebung verrechnet und weckte mit meinem Anruf ihn und alle anderen im Haus mitten in der Nacht – und das, um nichts zu sagen. Für Kay war es allerdings eine Ermutigung, denn er war inzwischen entmutigt, da ich seine Gefühle für mich nicht erwiderte. Nach unserer Heirat erzählte er mir, dass er dabei gewesen war mich aufzugeben und Gott gebeten hatte, in derselben Nacht von mir zu hören. Wie hätte Gott dieses Gebet beantworten können? Sollte ich kommen und an seine Fensterscheibe klopfen? Sollte mitten in der Nacht ein Postbote vor seiner Türe stehen? Ein Traum? Oder ein Anruf!?

Ich war mir dennoch unsicher, ob eine Freundschaft mit Kay etwas für das ganze Leben sein könnte. Ein halbes Jahr später kam Kay nach Norwegen, um Klarheit zu schaffen. Er umwarb mich sehr. Es ist teuer, um die halbe Welt zu reisen. Insbesondere, wenn man Student ist.

In unserer Unsicherheit nahmen wir uns Stift und Papier und schrieben alles auf, was für eine Beziehung sprechen könnte.

Alles Witzige, Auffallende und Außergewöhnliche, das zwischen uns passiert war, auf die Plus-Seite. Unterschiedliche Sprache, Kultur, Erwartungen und Persönlichkeit auf die Minus-Seite. Es überraschte uns sehr, dass die Plus-Seite so viele Einträge aufwies. Es waren viel mehr, als wir dachten. So zum Beispiel:

Einmal war ich mit einem Brief von Kay in der Tasche im Gottesdienst. Ich wollte wissen, ob Gott bei der Sache mit Kay im Spiel ist und fragte Ihn im Gebet. Dann hörte ich eine wahrnehmbare Stimme: Lies Markus19,6. Ich drehte mich um, aber jeder war mit sich selbst und mit Gott beschäftigt. Niemand hatte das gesagt. „Was Gott zusammengefügt hat soll ein Mensch nicht trennen", steht in Markus 19,6. Das Erlebnis war verblüffend, aber was Kay betraf, nicht eindeutig. Es ist ein an Eheleute gerichtetes Wort und wir waren nicht einmal befreundet.

Ein anderes Mal fiel es mir wie Schuppen von den Augen, als ich ein Lied hörte: „Gott gibt die Fähigkeit dich zu lieben für allezeit." Gott würde mir also die Verliebtheit schenken. Ich sollte sie nicht selbst produzieren. Denn das war ja das Problem: Ich fand Kay toll, aber richtig verliebt war ich nicht.

Lied: Cherish the treasure

I cherish the treasure, the treasure of you.
Lifelong companion I give myself to you.
God has enabled me to walk with you faithfully
and cherish the treasure, the treasure of you.

As I obey the Spirits voice and seek to His will
I then can see the wisdom of His plan.
And as he works His will in me
I then can love you faithfully
and day by day I pledge my love to you.

This sacred wow I make to you does not contain an „if"
though I´m aware that trials lay ahead.
I will love you and pray with you

and through it all I will stay with you
Our home will be a refuge of unconditional love.

Du bist mir wertvoll, ein kostbarer Schatz.
In meinem Herzen hast du den Ehrenplatz.
Gott gibt die Fähigkeit, dich zu lieben für allezeit
denn du bist mir wertvoll, ein kostbarer Schatz.

Gehorchen will ich seinem Geist und tun was er stets will,
dass ich erkenn´ die Weisheit seines Plans.
Er wirkt in mir zu lieben dich
ganz ohne Falsch und inniglich.
Du hast mein Wort: Für immer bin ich dein.

Ich sag dir heut´: Ich will nur dich, selbst wenn ich noch nicht
weiß was unser Weg, der vor uns liegt, uns bringt.
Meine Liebe gehört nur dir.
Gemeinsam beten wollen wir.
Und unser Haus soll voll von Gottes Liebe sein.

....Sängerimpuls 19

Was hat das mit dem Singen zu tun?

Oft wird gesagt, alle Lieder der Welt hätten lediglich zwei Themen: Liebe und Hass. Das Gute gestaltet man grundsätzlich weich und vokalbetont, das Böse hart, mit Konsonantenbetonung. Neutralität gibt es nicht, obwohl es in unserer Gesellschaft danach aussieht. Man bewertet das Meiste im Leben mit Plus oder Minus. Man kann leicht testen, ob die eigene Lebenssituation gerade gut oder schlecht für einen ist. Verhärtete Muskeln sagen dir „nein, schlecht" und weiche, lockere und entspannte Muskeln sagen „ja, gut".

*Beachte auch deine Worte im Gespräch mit anderen. Worte wie „muss" und „soll" haben eine wesentliche Komponente: Angst. Beispiel: Wenn ich sage: „Ich muss das schnell erledigen", empfinde ich fremdbestimmt zu sein und Furcht vor einer Strafe, falls ich die Sache doch nicht erledige. Angst ist immer begleitet von Härte. Ersetzen wir jedoch „muss" mit „möchte" und „soll" mit „will", reagieren wir positiver darauf. Eine innere Lust, etwas zu erledigen das ansteht, treibt mich an und nach getaner Arbeit winkt eine Belohnung.
Der Körper reagiert auf die Botschaft der Lieder. Ich wünsche mir viel mehr Liebeslieder, weil der Körper dazu „ja" sagt. Ich glaube, Liebeslieder tun uns gut.*

Verlobung und Hochzeit

Zurück zur Plus-Minus-Liste: Wir schauten sie an und waren überzeugt - wenn es etwas gibt, das göttliche Führung ist, dann müsste es dies hier sein. So viele Punkte auf der Plus-Seite, so wenig Punkte hingegen in der Minus-Spalte. Wir waren bewegt und überwältigt von Gottes liebender Fürsorge für uns, auch in diesem Bereich unseres Lebens. Es war sehr überzeugend, dass Gott wollte, dass aus uns beiden ein Paar werden sollte. Ein wesentlicher Grund, warum wir uns zueinander hingezogen fühlten, war, dass wir uns gegenseitig näher zu Gott zogen. Gott, Sein Plan und Sein Wille für unser Leben hatten damals wie heute absolute Priorität für uns. Deswegen verlobten wir uns an Ort und Stelle.

Die Verliebtheitsgefühle kamen kurze Zeit später. Nach ein paar Tagen sprudelte mein Herz über vor Freude an Kay.

Viel zu schnell musste Kay wieder nach Amerika. Er ging jedoch als verlobter Mann. In unserer Verlobungszeit von einem Jahr und drei Monaten durchlebten wir zwei mal sechs Monate am Stück, in denen wir durch einen Ozean getrennt waren. In dieser Zeit konnten wir uns nicht physisch berühren, küssen und Körpersprache lesen, aber wir schrieben Briefe. Wir tauschten uns aus über jedes Thema der Welt und lernten uns auf diese Weise recht gut kennen. Außerdem entdeckte ich eine noch persönlichere Möglichkeit der Kommunikation mit Kay und sandte ihm von mir besprochene Kassetten statt Briefe. Die Menge der Korrespondenz zwischen uns füllte mit der Zeit eine Bananenkiste. Heute ist diese Kiste unser wertvollster Besitz. Kommunikation war und ist immer noch ein sehr wichtiger Bestandteil unserer Beziehung.

Lied: Du hältst deine Arme

Du hältst deine Arme ausgestreckt nach mir, oh Herr.
Du schenkst mir die Liebe, nach der ich mich so seh´n.

Du bist die Liebe.
Du schenkst wahres Glück.
Du erfüllst mein Leben.
Herr, ich liebe dich.

Du bist mein Vater.
Du erwartest mich.
Du kommst mir entgegen.
Du freust dich auf mich.

Ich bin geborgen in deiner guten Hand.
Herr, du willst mich segnen an jedem neuen Tag.

(c) Kay Wächter, www.heikaymusic.de
T.+M.: Kay Wächter
Dieses Lied ist auf der CD „Du umgibst mich" zu hören.

Wir schrieben uns in englischer und deutscher Sprache. Inzwischen kann Kay auch Norwegisch. Es gibt noch ein paar andere Sprachen, die man als Paar lernen muss: „Männlich" heißt die eine Sprache und „weiblich" die andere. „Hochachtung der Unterschiedlichkeit" ist noch eine Sprache, die gelernt werden muss. Das göttliche Geschenk im Ehepartner zu sehen war immer eine Hilfe, den anderen zu verstehen. Wenn alles, was gesagt und getan wird, mit Augen der Liebe gesehen wird, ist so manche Schlacht schon gewonnen. Uns wurde ein böses Erwachen nach der ersten Verliebtheit vorausgesagt. Aber, nein, dieses böse Erwachen kam nie. Wir passen sehr gut zueinander und ergänzen uns. Menschen, die uns im gemeinsamen Dienst sehen, bestätigen es immer wieder: Wir sind wie Topf und Deckel und arbeiten in Harmonie miteinander.

Im Sommer besuchte ich Kay in Deutschland. Es war ein wunderbarer Sommer. Wir „schwebten" verliebt durch Parks, machten Ausflüge, holten alle Küsse nach, die so lange in den Briefen eingesperrt waren. Das nächste Treffen war an Weihnachten, bei meinen Eltern. Unsere Differenzen und die kulturellen Unterschiede wurden in dieser Umgebung auffallend groß. Aber auch dies griffen wir in vielen Briefen auf und entschieden, trotz allem, zu heiraten.

Ohne Zustimmung meiner Eltern planten wir unsere Hochzeit. Sie sollte an Pfingsten stattfinden. Obwohl ich ernsthaft studierte, backte ich alle Kuchen für die Hochzeit und organisierte alles. Meine Eltern bezahlten die Saalmiete, mein Hochzeitskleid und das Mittagessen im Rahmen der Hochzeitsfeier, wie es sich in Norwegen gehört. Sie zeigten mir somit ihre Liebe, obwohl sie meinen Lebensweg weder verstehen noch bejahen konnten. Das rechne ich ihnen hoch an.

Bild 31: Unsere Hochzeit. 1990

Der äußere Rahmen war tadellos. Wir erzählten allen
Hochzeitsgästen unsere Liebesgeschichte, ausgewählte Lieder
wurden gesungen, es wurde gut gegessen, Spiele wurden
gemacht und Reden gehalten. So, wie es üblich ist. Die
Eheschließung ist ein heiliges Sakrament und ohne sie und
Gottes Segen wollten wir unser gemeinsames Leben nicht
beginnen.

Lied: Der Herr möge dich segnen

Der Herr möge dich segnen.
Der Herr soll dich behüten.
Der Herr gebe dir Frieden.
Sein Angesicht soll leuchten über dir
heute und morgen,
ja für alle Zeit.

Er ist der Herr, der dich hört,
ein Gott des Friedens, ein Gott des Heils.
Er ist der Herr, der dich sieht.
Durch seinen Geist ist er bei dir.

(c) 1999 Janz Musikverlag adm. by Gerth Medien Musikverlag,
Asslar
T.+M.: Kay Wächter
Dieses Lied ist auf den CDs „In deiner Gegenwart" und „Du
umgibst mich" zu hören.

Bild 32: Dies ist mein Lieblingsfoto. 1989

Lied: Gott redet mit mir

Wenn zwei sich mögen, helfen sie sich gern.
Sie geh´n durch dick und dünn,
nichts kann ihre Freundschaft stör´n.
Wenn zwei sich mögen, verbringen sie viel Zeit,
mit hör´n und mit reden,
und sie meiden jeden Streit.

Gott redet mit mir, weil er mich mag.
Gott redet mit mir.
Ja, ich kann hören, was er sagt.
Gott redet mit mir und ich mit ihm.
Gott redet auch mit dir.
Höre zu, komm sei mal still.
Gott redet auch mit dir.
Hör, was er von dir will.

Wenn zwei sich mögen, sind Herz und Ohren weit.
Er lauscht und schweigt geduldig,
dafür nimmt er sich die Zeit.
Wenn einer redet ist der andere still,
damit er auch hören kann, was man ihm sagen will.

(c) Janz Musikverlag adm. by Gerth Medien Musikverlag, Asslar
T.: Gabriele Wächter, M.: Kay Wächter

....Sängerimpuls 20

Was hat das mit dem Singen zu tun?

Stimmt deine Lebenssituation mit den Liedern überein, die du singst, schreibst, spielst? Wenn ja, fühlt sich dein Musizieren sehr stimmig an.
Aber die Singerei fühlt sich falsch an, wenn du vom Frieden singen sollst und selbst aufgewühlt bist. Dann können die Texte

und die Stimmung der Lieder dein Leben beeinflussen. Du fragst,
wie das? Beim Üben der Lieder wiederholst du die Texte
unzählige Male. Es ist erwiesen, dass Worte eine beeinflussende
Kraft haben. Sie wirken sich auf dich, dein Denken und Handeln
aus. Oft ist es sehr wichtig sich selbst mit Worten und Tönen in
die gewünschte Richtung zu lenken. Durch das Singen über den
Frieden kann sich auch Frieden im Herzen ausbreiten.

Freiheit - USA und Norwegen

Mit unserer Hochzeit durfte ich meinen Familienname abgeben.
Der bewusste Bruch mit meiner Herkunftsfamilie war sehr wichtig
für mich. Ich genoss es, die große weite Welt mit ihren Chören
und unserem riesigen multikulturellen Freundeskreis zu erleben.
Wir luden unsere Freunde oft zu uns nach Hause ein und
unternahmen Reisen. Wir taten, was nach unserem Empfinden
für uns richtig war. Wir wohnten in den USA und hatten kein
eigenes Telefon. Durch Zeitverschiebung und Münz-Telefone gab
es nur begrenzt Möglichkeiten zum Telefonieren. Ich schrieb
lange Briefe und Reiseberichte für meine Familie und Freunde.
Gott, mein Mann und mein Studium füllten mein Leben komplett
aus.

Nach einem halben Jahr in den USA, in dem ich als
Austauschschülerin an Kays Universität war, musste ich zurück
nach Norwegen, um mein Studium zu beenden. Kay durfte den
Rest seines Studiums, mittels Fernstudium, von Norwegen aus
beenden. Somit konnten wir unser „schnuckeliges" Haus in USA,
voller Kakerlaken, durch ein kleines, eiskaltes Häuschen in
Norwegen austauschen. Es war so kalt, dass das Wasser über
Nacht in den Leitungen gefror. Morgens waren der Kaffee in der
Kanne, die Essenreste vom Vortag, das Spülwasser im
Spülbecken gefroren. Auf dem nahe gelegenen See konnte man
laufen und sogar Autos fuhren über das Eis.

Wir erlebten sehr viele Versorgungswunder. Aus heiterem
Himmel schenkten uns Leute genau das, was wir benötigten.
Dies häufig bereits bevor wir unser konkretes Anliegen vor Gott

formuliert hatten. Geheime Herzenswünsche gingen auf wundersame Weise in Erfüllung. Wir waren sehr sparsam und sammelten zum Beispiel stundenlang Holz in den umliegenden Wäldern, um unser kleines Haus mit dem Holzofen beheizen zu können. Das war sehr zeitaufwendig. Eines Nachts träumte Kay, ein Haus würde abgerissen werden. Am folgenden Tag wurde tatsächlich eines in unserer Nähe abgerissen und wir durften so viel Holz holen wie wir wollten. Wir transportierten das Holz auf unseren Schlitten zum Haus, überglücklich über Gottes Hilfe.

Lied: Jesus, du gibst

Jesus, du gibst mehr als genug.
Jesus, du bist alles für mich.

Mir wird nichts mangeln.
Ich bin reich durch dich.
Mein Leben ist gesegnet.
Jesus, du bist alles für mich.

Bei dir bin ich geborgen.
Ich weiß, du sorgst für mich.
Mein Retter in der Not,
ja, ich vertrau auf dich, mein Gott.

Du erfüllst mein Herz mit deiner Liebe,
erfüllst mein Leben mit deiner Kraft,
erfüllst mein Denken mit deinem Frieden.
Jesus, du bist alles für mich.

Was hat das mit dem Singen zu tun?

Fühlst du dich grundsätzlich frei oder eher gebunden? Ein Grundgefühl von Freiheit beflügelt deinen Gesang. Improvisation beispielsweise lebt von der inneren Erlaubnis, kindlich mit der Musik zu spielen. Man improvisiert leichter, besser und Rhythmik, Worte und Melodien finden neue, stimmige Wege.

Erste Schwangerschaft

Im April 1991 meldete sich die Ankunft unseres ersten Kindes an. Wir freuten uns sehr, denn wir waren beide fast fertig mit unseren Studien und wollten eine Familie gründen. Ich weiß noch wie stolz und freudig Kay meine Mutter als Oma begrüßte, als sie aus dem Zug stieg, um uns zu besuchen. Sie war etwas verwirrt und dachte, sie würde alt aussehen. Doch Kay offenbarte ihr mit glänzenden Augen das freudige Ereignis.

Was hat das mit dem Singen zu tun?

Frauen haben im Verlauf der Schwangerschaft immer weniger Lungenvolumen für das Singen zur Verfügung. Es ist eine Hilfe, den Rücken bewusster einzusetzen und mit einem „Katzenbuckel" zu singen. Somit bekommt die Lunge im Rückenbereich maximal Platz und der Ton bleibt schön. Ich stand selbst bis zur Geburt unserer Kinder auf der Bühne und das ging prima.
Nutze die erhöhte Zentrifugalkraft, die der große Bauch hergibt, wenn du dich beim Singen im Takt hin und her schwingst. Viele Schwangere und deren Babys lieben den besonderen Klang und die vermehrte Körperwahrnehmung. Während der Schwangerschaft erlebt „frau" das Musizieren besonders intensiv.

Mein Bauch wuchs und somit auch unsere Überlegungen, wo wir uns nach dem Studium niederlassen sollten. Kurz nach unseren Studienabschlüssen fand eine große Konferenz der Pfingstbewegung statt. Während dieser Konferenz hatten wir einen Termin mit dem Missionsleiter. Ihm legten wir unseren bisherigen Weg offen und baten um Rat, wie wir weiter vorgehen konnten.

Schon als Kinder hatten wir beide ein konkretes Berufungserlebnis. Darauf bauten wir unsere Berufsausbildungswege auf. Bei mir war es das Erlebnis im Missionsgottesdienst, wo mir im Herzen ganz deutlich mitgeteilt wurde, dass ich in der Zukunft für Gott im Ausland arbeiten würde. Später, beim Singen im großen Chor, wurde mir klar, dass ich mich mit Musik beschäftigen würde. Während meines Studiums und vor meiner Beziehung mit Kay war ich bei einer Konferenz, an der auch eine Delegation aus Deutschland teilnahm. Dort wurde mir klar, dass Deutschland mein Land war und die Deutschen meine Leute. Es war ein ganz besonderes Zugehörigkeitsgefühl in meinem Herzen, das es mir wie Schuppen von den Augen fallen ließ: Deutschland ist ein Missionsland und dort würde ich den Menschen durch Musik Gott näherbringen. Meine zwei Puzzleteile, Musik und Mission, passten plötzlich mit einem dritten Puzzleteil zusammen: Deutschland. Die Tatsache, dass Kay und ich nun gemeinsam arbeiteten, öffnete uns Türen. Sowohl Kays Eltern als auch seine Großeltern standen im vollzeitlichen evangelistischen Dienst und somit war ein Beziehungsnetzwerk bereits vorhanden.

Da standen wir beide nun, mit einer vollständigen Musik- und einer zusätzlichen theologischen Ausbildung. Wir hatten, begleitend zum Studium, immer den Gemeinden gedient, in denen wir während des Studiums wohnten. Ich hatte die deutsche Sprache erlernt, zwei Jahre in Deutschland verbracht, und mir somit gute Kenntnisse über Land und Leute erworben. Nun wollten die Missionsgesellschaft und auch ich, dass ich sofort und offiziell als Missionarin nach Deutschland

ausgesandt werden sollte, um dort Menschen Gott
näherzubringen.

Mancher fragt sich vielleicht: Benötigt Deutschland Missionare?
Klar, Afrika benötigt Ingenieure, die helfen Brunnen zu graben.
Süd-Amerika benötigt Gesundheitspersonal, Ost-Europa benötigt
Kleider und Geld, aber West-Europa scheint leistungsstark. Das
ist der Kern der Sache. West-Europäer arbeiten durchschnittlich
98 Prozent mit der linken Gehirnhälfte und verdrängen somit die
sinnliche Seite des Lebens. Impulse von Gott empfängt man
durch Sehen, Hören, Fühlen, Riechen, Schmecken. Wenn
alles, das man mit den Sinnen erlebt, in der linken Gehirnhälfte
erklärt und wegrationalisiert wird, versteht man nicht, wenn
Gott einem etwas sagen will. Somit werden Dinge, die die rechte
Hirnhälfte fördern und die Synapsen zwischen rechts und links
ausbauen, zur Missionsarbeit. Musik, Tanz, Kunst, Spiel,
Träumen, Lesen, Hören helfen Menschen, Gott zu erleben. Aber,
kann man im eigenen Land Missionar sein?

Der Missionsleiter überraschte uns freudig als er sagte, dass
auch Kay als norwegischer Missionar galt, weil wir verheiratet
waren. Papiere wurden ausgefüllt und nun waren wir
ausgesandte Missionare der norwegischen Pfingstbewegung.

Die Pfingstgemeinde meiner Kindheit wurde unsere aussendende
Gemeinde. Das ging unbürokratisch vor sich, da wir nicht um
Geld baten. Die Pfingstgemeinde in Norwegen besteht aus freien
Gemeinden und jede Gemeinde übernimmt selbst die
Verantwortung für ihre Missionare - finanziell, moralisch und
geistlich. Im Normalfall wäre sie somit zu 100 Prozent für unseren
Unterhalt verantwortlich, dies mit Hilfe weiterer
Unterstützergemeinden. In unserem Fall versprach die Gemeinde
moralische und geistliche Aussendung und wir wurden im
Sommer 1991 mit voller Rückendeckung nach Deutschland
ausgesandt. Die Tatsache, dass wir keine Aussicht auf Geld
hatten, plagte uns nicht sehr. Wir hatten so viele Wunder erlebt,
wie Gott uns ganz überraschend finanziell und materiell versorgt
hatte, dass wir uns keine Sorgen machten.

Gut angekommen in unserer kleinen Dachwohnung in einem kleinen Dorf, bekamen wir tatsächlich alle Möbel und Babykleidung geschenkt. Die Miete war günstig, umgerechnet nur 350 € warm. Wir benötigten jedoch Lebensmittel und eine Krankenversicherung. Mein Bauch wuchs und ich musste Schwangerschaftskontrollen durchführen lassen. Wir gingen zum Sozialamt, denn wir waren, finanziell betrachtet, arm. Ich hatte etwas Geld auf meinem Konto, aber das war geliehenes, norwegisches BAföG-Geld. Meine Schulden waren vielfach höher als das Plus auf dem Konto. In Norwegen nimmt jeder Kredit auf um zu studieren. Die Wenigsten können während des Studiums zuhause wohnen. Somit hat fast jeder junge Mensch Schulden. Diese interessierten das Sozialamt jedoch nicht und sie sagten, wir sollten zurückkommen, wenn das Geld auf meinem Konto aufgebraucht sei.

....Sängerimpuls 23

Was hat das mit dem Singen zu tun?

Hast du eine Mission? Ich denke, unser Singen ruft nach einem Auftrag. Was ist der Grund, warum du deine Stimme erheben willst? Wenn du weißt, warum du singst, gibt es dir eine Zielstrebigkeit, die dir nützlich ist, um dich immer weiterzuentwickeln.

Erste Arbeitsstelle - Gemeindeleitung

Wir suchten nach Arbeit, zuerst im christlichen Bereich. Dafür hatten wir uns ja ausbilden lassen. Wir gingen zum Leiter einer deutschen Pfingstbewegung, ein Verband kleinerer Kirchengemeinden. Er bot uns eine Arbeitsstelle als Gemeindeleiter einer kleinen Gemeinde an der Schweizer Grenze an. Wir sagten zu und begannen sofort mit der Arbeit. Da wir dort noch keine Wohnung gefunden hatten, pendelten wir jedes Wochenende eine Strecke von über 300 Kilometern. Oft waren wir von Donnerstag bis Sonntag an der Schweizer Grenze und wohnten bei einer Familie mit vier Kindern. Den Rest der

Woche verbrachten wir in unserer Wohnung in der Nähe von Stuttgart. Nebenbei unterrichteten wir ein paar Stunden an einer Musikschule.

Rettungsaktion - Kind und Mutter

Inzwischen kam die Zeit der Geburt unseres ersten Kindes. Ich war während der gesamten Schwangerschaft gesund und leistungsstark und deshalb waren die Komplikationen bei der Geburt für mich völlig unerwartet. Ich lag bereits seit 10 Stunden mit schweren Wehen in der Klinik. Unser Baby hatte die Nabelschnur um den Hals gewickelt. Die Herztöne sagten deutlich, dass das Leben des Kindes in Gefahr war. Dann ging alles sehr schnell. Ich wurde am OP-Tisch, ohne Vorwarnung oder Worte, mit vielen dicken Riemen festgeschnallt. Der Arzt kam und holte unser Kind sehr schnell mit der Saugglocke aus meinem Bauch und rettete, Gott sei Dank, sein Leben.

Lied: Ich danke dir

Ich danke dir, denn du bist gut.
Ich danke dir für deine Freundlichkeit.
Ich danke dir, denn du bist immer bei mir.
Du bleibst treu, veränderst dich nie.

Du bist ein Vater, der mich sieht,
ein Vater, der mit mir geht,
ein Vater, der mir vergibt.
Du bist ein Vater, der mich liebt.

Du bist ein Vater, der mich hört,
ein Vater, der mich versteht,
ein Vater, der Gutes gibt.
Du bist ein Vater, der mich liebt.

Gutes und Barmherzigkeit werden mir folgen.
Ein Leben lang bist du für mich da.

Danach war ich an der Reihe. Durch diese schnelle Aktion gab es viele innere und äußere Risse und ich blutete stark. Kay wurde aus dem Raum geschickt und fünf weitere Ärzte kamen. Sie suchten aufgeregt nach der Quelle der Blutung und hatten ernsthafte Probleme, sie zu finden und das Bluten zu stoppen. Die Schmerzen bei dem Eingriff waren schlimmer als die Geburt. Es waren die schlimmsten Schmerzen, die ich je erlebt hatte. Schließlich handelte es sich um eine große Operation, allerdings ohne Betäubung. Das Angeschnalltsein war auch später eine psychische Belastung für mich. Ebenso die Tatsache, dass ich während und nach der Geburt nicht vorgewarnt wurde, was als nächstes passieren würde, war für mich sehr schlimm. Stunden vergingen und ich schwebte in Lebensgefahr.

Als ich endlich unser Kind in meinen Armen hielt, war ich völlig regungslos. Ich spürte keine Gefühle, obwohl ich mich vorher so sehr auf diesen Moment gefreut hatte. Erst später, als ich wieder mehr Blut im Körper hatte, freute ich mich selbstverständlich sehr über unseren ersten Sohn. Doch der Aufenthalt in diesem Krankenhaus, ist mir als Alptraum geblieben.

Die Verletzungen, die mir durch die Rettungsaktion zufügt wurden, machten es mir zwei Monate lang unmöglich zu sitzen. Einige Schäden sind mir geblieben. Muskeln und innere Organe wurden schwer beschädigt.

Bild 32: Glücklich als Mama. 1992

Meine Oma starb gleichzeitig mit der Geburt unseres ersten
Kindes. Meine Mutter stand im starken Konflikt mit sich selbst, ob
sie zur Beerdigung ihrer Mutter fahren sollte oder zu mir. Sie
wählte mich. Das rechne ich ihr hoch an. Sie half mir sehr, da ich
von den Strapazen noch stark geschwächt war. Leider war meine
Mutter sehr unglücklich darüber, auf dem Land festzusitzen ohne
Auto, ohne bequeme Möbel, ohne Waschmaschine, Trockner
und Spülmaschine - alles Dinge, die Norweger auf Kredit kaufen,
lange bevor ein Kind zur Welt kommt. Wir besaßen zwar ein altes
Auto, aber Kay war mit diesem die meiste Zeit an der Schweizer
Grenze.

Meine Eltern waren bestürzt über meinen Mangel. Wie konnte ich
ohne eine einzige gepolsterte Sitzgelegenheit leben?! Und das
sogar während Schwangerschaft und Stillzeit! Natürlich wäre
manches einfacher gewesen, wenn wir mehr Luxus gehabt
hätten. Aber wir lebten glücklich in dem Vertrauen, dass Gott uns
das, was wir wirklich brauchten, schenken würde. Wenn ich mir

etwas wünschte, das aus menschlicher Sicht nicht machbar war, bat ich Gott, es mir zu geben. Einiges bekam ich dann auch. Wenn nicht, sagte ich mir: „Dann benötige ich es eben nicht wirklich. Gott weiß, was ich benötige. Er gibt es mir in reichlichem Maß. Das, was ich jetzt besitze ist das, was ich wirklich benötige und benutzen werde, um das zu tun, was heute richtig für mich ist." Somit ging ich zum Danken über und lebte sehr gut damit.

Die Zeit mit Baby und ohne Waschmaschine und Trockner brachte mir sehr wertvolle Zeiten mit Nachbarn und Verwandten. Die Gespräche sind mir bis heute ein wertvoller Schatz. Es war mühsam, die Wäsche auf dem Rücken über weite Strecken zu tragen. Nass war sie auch noch schwerer. Aber Gott hat uns sehr gut versorgt mit Menschen, die willig waren uns ihre Waschmaschine auszuleihen.

Es dauerte über ein halbes Jahr, bis wir eine Wohnung an der Schweizer Grenze gefunden hatten. Diese Wohnung war vier Kilometer von der Kirchengemeinde entfernt. Die Gemeindeleitung betonte, dass wir dort nur so lange wohnen könnten, bis eine Wohnung in unmittelbarer Nähe der Gemeinde gefunden wurde, da der Pastor vor Ort sein musste. Ein Jahr lang wohnten wir in dem kleinen Dorf und es war gut für uns, dort zu sein. Eine liebe alte Frau aus der Gemeinde wohnte im ersten Stock und wir wohnten im Erdgeschoss. Ich gab zuhause Gesangsunterricht und leitete in der Gemeinde den Lobpreis. Kay predigte, leitete die Jugend, hielt Hauskreise, machte Besuchsdienste, hielt Sitzungen ab, war für die Organisation zuständig, für den Gemeindebrief und für alles, was die Aufgabe eines Gemeindeleiters war. Es sprach sich herum, dass es in unserer Gemeinde gute Musik gab und neue Leute kamen. Menschen kamen durch Straßeneinsätzen zum Glauben und schlossen sich unserer Gemeinschaft an.

Lied: Du führst mich

Du führst mich an einen guten Ort,
an dem ich sicher und geborgen bin,
wo die Seele zur Ruhe kommt,
die Zweifel von mir flieh'n.

Du wirst immer bei mir sein.
Keinen Tag lässt du mich allein.
Du bist Gott.
Du bist hier bei mir.

Liebevoll suchst du die Verlorenen,
verbindest die Verwundeten.
Du bist ein Vater, der mich sieht,
ein Vater, der mich liebt.

Die Schwachen machst du wieder stark,
beschenkst die Armen überreich.
Du bist ein Vater, der mich sieht,
ein Vater, der mich liebt.

(c) Janz Musikverlag adm. by Gerth Medien Musikverlag, Asslar
T.: Kay Wächter, Alexandra Ziegler, M.: Kay Wächter, Christina
Stöhr
Dieses Lied ist auf der CD „Ich atme auf" zu hören.

....Sängerimpuls 24

Was hat das mit dem Singen zu tun?

Manchmal ist man so erschöpft, dass man keine Kraft zum Stützen (Ein gesanglicher Fachbegriff für den Halt, den die Einatmungsmuskulatur dem Zusammensinken der Lunge beim Singen entgegensetzt.) hat. Dann ist es tatsächlich möglich einen wunderschönen Klang der Stimme herzustellen, indem man mit einer fast luftleeren Lunge singt. Man singt quasi aus der Leere statt aus der Fülle. Dies ist nicht nur psychologisch gemeint, sondern auch atemtechnisch. Man kann ausatmen und die Lunge fast entleeren bevor man singt. Die kleine Menge restliche Luft reicht meist viel länger und für mehr Töne als man denkt und der Klang dieser Stimme ist überraschend schön. Ein schwacher Luftstrom gibt den kleinen Muskeln in der Kehle die nötige Ruhe, um auszuführen wozu sie geschaffen wurden. Die Leere kann somit zu deiner größten Kraftquelle werden. Zu viel Kraftanstrengung und Druck können den Klang der Stimme verschlechtern.

Weiterer Familienzuwachs

Der angekündigte Umzug in die Stadt stand bevor. Wir zogen in eine Hochhauswohnung. Die Hauptstraße ging direkt an der Haustür vorbei. Die Nachbarn lebten ihr Leben in Freude und Leid und wir bekamen alles mit, da es hellhörig war. Meine Eltern schmerzte es zu sehen, dass ich keine Küchenschränke hatte, so mein Vater kaufte Schränke und baute sie ein. Meine Mutter kaufte Vorhänge und zwei Teppiche. Die restlichen Möbel bekamen wir nach und nach vom Sperrmüll. Kleidung kaufte ich auf Flohmärkten und in Second-Hand-Läden. Kays Gehalt reichte für die Wohnungsmiete, das Auto, die Versicherungen, das Essen und für Instrumente. Wir fühlten uns reich beschenkt und freuten uns. Wir fühlten uns aufrichtig geehrt, Gott dienen zu dürfen.

Als unser erstes Kind ein Jahr alt war, meldete sich das zweite an. Wir arbeiteten fleißig weiter. Die Royal Rangers (Pfadfinder) erweiterten ihre Arbeit um mehrere Gruppen. So mussten Kay und ich das Leitertraining für Royal Rangers absolvieren. Das tat ich in hochschwangerem Zustand. Ich hatte ständig Vorwehen, aber es ging gut. Ich rate jedoch niemandem, Schulungen dieser Art hochschwanger mitzumachen.

Unser Kind wurde durch die Nabelschnur nur ungenügend versorgt. Deshalb musste ich später im Krankenhaus Bettruhe halten. Beide Omas nahmen Urlaub von ihrer Arbeit, um abwechselnd unser Kleinkind zu Hause zu hüten.

So kam er endlich, unser zweiter Sohn. Ich hatte kaum Wehen und „plumps", war er da. Ich konnte nicht fassen, dass es schon vorbei war. Ich konnte direkt nach der Geburt sitzen, duschen, laufen, mit meinem Baby im Arm tanzen. Ich freute mich sehr über den Familienzuwachs. Ich küsste den Kleinen ständig. Ich war gesund, stark und glücklich. Alles war in Ordnung. Kay stand eine halbe Stunde nach der Entbindung auf der Kanzel der Gemeinde und verrichtete seinen Dienst. Ich pries Gott im Krankenhaus. Dieses Krankenhaus war gut und ordentlich, die Angestellten waren lieb und nett. Kein Vergleich also zu den Erfahrungen im vorherigen.

Lied: Dem geht es gut

Dem geht es gut, der an dich glaubt.
Dem geht es gut, der dir vertraut.
Du gibst ihm Weisheit,
ja, du bist sein Schutz.
Und an allen guten Dingen fehlt ihm nichts.

Ich glaube dir.
Herr, ich vertraue dir.
Ich fühl mich wohl,
denn du bist nah, ganz nah bei mir.
Und dass du da bist, das tut mir wirklich gut.
Ja, dass du da bist, das tut mir so richtig gut.

(c) Waechter-Media Thomas Wächter, www.waechter-media.de
T.: Gabriele Wächter, M.: Kay Wächter
Zu diesem Lied gibt es leider noch kein Hörbeispiel.

Das Leben mit zwei kleinen Buben war laut. Der Ältere war eifersüchtig auf den kleinen Schreihals. Das Baby schrie wirklich sehr intensiv. Unser zweiter Sohn war schon damals willensstark und ungeduldig. Unser älterer Sohn hingegen war ganz anders. Er weinte, wenn er Bauchschmerzen hatte und machte vorsichtig auf seine Bedürfnisse aufmerksam. Der Jüngere aber, wollte alles sofort. Ich staune, wie schüchtern er sich heute verhält. Unser älterer Sohn ist jetzt der, der sich in der Öffentlichkeit bemerkbar macht. Der Zweite ist eher still.

Ich hatte mich entschieden für eine Ehe im Dienst für Gott. Die Zeit mit unseren Kleinkindern war einzigartig, um mit Nachbarn und neuen Leuten in Kontakt zu kommen. Diese Kontakte, mit den dazugehörenden Gesprächen, waren ideal, um Menschen zu Veranstaltungen in die Gemeinde einzuladen. Wir schrieben zum Beispiel mit der ganzen Gemeinde ein Musical, das in der Stadthalle aufgeführt wurde. Daraus folgend konnten wir Siege verzeichnen - eine glückliche und zusammengeschweißte Gemeinde, ein volles Haus, neue Interessenten für den Glauben und gute Presseberichte.

Oft fragte ich mich in der hektischen Zeit mit den Kindern, ob nicht ein Single-Dasein förderlicher für Gott gewesen wäre. Die Kinder störten häufig, wenn wir üben wollten. Die Vorbereitungen waren häufig sehr schwierig durchzuführen. Unsere Kinder verbrachten sehr viele Stunden in Gotteshäusern. Normale Schlaf- und Essenszeiten konnten nicht eingehalten werden. Wir aßen oft einfach zwischendurch. Die Kinder mussten Sicht selten auf Kirchenstühlen schlafen. Das war unser Lebensstil. Unsere Kinder opferten sehr viel des normalen Kindsein, damit wir im Dienst sein konnten. Um hier die Balance zu halten, musste ich manchmal mit den Kindern zu Hause bleiben. Es klagt jedoch keines unsere Kinder darüber, zu wenig geliebt oder beachtet worden zu sein. Für uns war dieser Lebensstil richtig.

Lied: Ich geh´ zur Quelle

Ich geh' zur Quelle, die Heilung bringt,
die mein Verlangen für immer stillt.

Ich geh' zur Quelle, schöpfe neue Kraft.
Am frischen Wasser fällt von mir meine Last.
Ich geh´ zur Quelle, werde wieder stark.

Ich atme auf in Gottes Gegenwart.

Ich geh' zur Quelle, die ewig fließt.
Nichts hält mich auf,
nichts hindert mich.

Das Missionswerk

Wir führten gemeinsame Aktionen mit anderen Gemeinden und Missionswerken in unserer Nähe durch. Bei einem Konzert traf ich eine Frau im Foyer, die, ebenso wie ich, auf ihr kleines Kind aufpasste, während ihr Mann, so wie mein Mann, auf der Bühne sang und spielte. Sie und ihr Mann waren Missionare und kamen aus Kanada. Sie waren erst seit kurzem in Deutschland und arbeiteten für ein Missionswerk, das Janz Team. Sie wünschten sich Freunde ohne Anbindung an dieses Missionswerk. Wir benötigten Freunde, die nichts mit unserer Gemeinde zu tun hatten. So entwickelte sich eine starke und bereichernde Freundschaft. Gemeinsam standen wir schwere Zeiten durch.

„Zufällig" benötigte das Janz Team eine Sängerin für eine CD-Aufnahme. Unsere Freunde baten mich, dies zu übernehmen und ich durfte im Studiochor singen. Das war der Anfang vieler solcher Aufträge. Mit der Zeit wurde auch Kay als Komponist, Arrangeur, Sänger und Produzent hinzugezogen. Ich durfte Soli singen und die Aufnahmen leiten.

Dieses Missionswerk trug maßgeblich dazu bei, dass Kays Lieder der Öffentlichkeit zugängig gemacht werden konnten.

Was hat das mit dem Singen zu tun?

Dein Grundgefühl spiegelt sich in deinem Ton wider. Wenn du fühlst, dass es dir grundsätzlich gut geht, klingst du anders, als wenn du fühlst, dass es dir schlecht geht. Jeder Mensch erlebt eine Mischung von Gutem und Schlechtem. Wie du singst hängt davon ab, wie du über deine Situation denkst. Denke absichtlich an das Gute, und dein Ton klingt weicher, die Muskeln arbeiten geschmeidiger.

Erziehungsphase

In diesem Lebensabschnitt war ich zwischen 28 und 35 Jahre alt. Wir leiteten eine Kirchengemeinde, zogen nach Norwegen, arbeiteten in einem Internat, bekamen unser drittes Kind und zogen zurück nach Deutschland. Zudem leiteten wir die musikalische Arbeit einer größeren Gemeinde im Südwesten Deutschlands. Unsere Kinder waren in dieser Phase zwischen gerade geboren und 10 Jahre alt.

Bild 34: Ich liebte schon immer den Wald und das Blumenpflücken. 1995

Der Kirchengemeinde an der Schweizer Grenze als Leiter zu dienen, war eine große Chance. Wir hatten dadurch ein festes Einkommen und konnten Gott und Menschen dienen. Kay bereitete seine Predigten vor und ich die musikalische Umrahmung. Die Gottesdienste waren herzlich und gut.

Jugendarbeit, Royal Rangers und die musikalische Arbeit liefen wunderbar. Oft standen Gäste ohne Anmeldung vor unserer Tür. Wir hatten kleine Kinder und somit herrschte immer wieder etwas Unordnung. Die Wohnung erschien mir deshalb nicht vorzeigbar. So fühlte ich mich blamiert, wenn Menschen uns „einfach so" besuchten. Von zu Hause bin ich gewöhnt, dass man Gäste immer gut bewirtet und alles besonders schön macht. Der Gast soll spüren, dass er wichtig für uns ist. Ich lernte dazu, insbesondere, dass ich nicht alles zu jeder Zeit perfekt geschafft haben muss.

Lied: Auf dem Weg zur Stille

Auf dem Weg zur Stille begegnest du mir, Herr.
Anbetend halt ich inne,
lass´ alles hinter mir.

Du nimmst meine Hände.
Behutsam hältst du mich.
Deine Ströme fließen.
Du heilst mich ewiglich.

Führst mich zu dir nach Hause.
Mit freudigem Gesang will ich bei dir wohnen
mein ganzes Leben lang.

(c) 2010 Janz Musikverlag adm. by Gerth Medien Musikverlag, Asslar
T.: Alexandra Ziegler, M.: Kay Wächter
Dieses Lied ist auf der CD „Ich atme auf" zu hören.

Was hat das mit dem Singen zu tun?

Stille muss sein. Nicht nur Ruhepausen für den Körper, sondern wirkliche Stille für die Ohren. Wer ständig Lärm ausgesetzt ist, beginnt lauter und angestrengter zu sprechen und zu singen. Diesen Dauerstress mögen die Singmuskeln nicht. Es kann sogar sein, dass sie Schaden davontragen.

Stärkung für unterwegs

In dieser Zeit durfte ich eine Konferenz alleine besuchen. Das bedeutete mir sehr viel. Ich fühlte mich ausgelaugt und konnte nun in Gottes Gegenwart auftanken. Ich erlebte, dass es in meinem Bauch plötzlich eigenartig zuckte. Ich kann mir das nicht wirklich erklären, aber ich bin mir sicher, dass Gott dies bewirkte. Im Raum war ein starker Friede und ich erlebte wie Gott mich komplett erfrischte. Das Zucken gab mir das Gefühl, dass Gott mir einfach „Hallo" sagen wollte. „Da bin ich!" Die Erinnerung an Sein Dasein füllte mich immer mit übersprudelnder Freude und ich konnte nicht anders als Ihn anbeten. Das Zucken wurde mit der Zeit seltener aber es verschwand nie mehr ganz. Dieses Erlebnis stärkte mich für den neuen Lebensabschnitt, der vor uns lag.

Kay, mein Mann, wurde zunehmend unruhiger. Er fühlte, dass ein Aufbruch bevorstand, als uns eine Zeitung ins Haus flatterte. Dort wurde ein Internat beschrieben, das uns in den vergangenen Jahren immer wieder anwerben wollte. Bisher war das jedoch für uns keine Option, dachten wir doch, unser Platz sei ausschließlich in Deutschland. Aber dieses Mal war es anders und wir spürten, wir müssen dorthin. Kay suchte Rat und Gebet von erfahrenen Dienern Gottes. Diese konnten Norwegen als nächste Station für uns bestätigen. Seinerzeit nahmen die vielen pastoralen Aufgaben Kay all seine Zeit, und die Musik kam zu kurz. Seine Begabung liegt allerdings eindeutig im musikalischen Bereich. Wir bewarben uns als Musiklehrer und bekamen die

Stellen. Dies war für uns eine willkommene Chance, mehr und mehr in der musikalischen Arbeit tätig zu sein. Da die Musiklehrerstellen keine Vollzeitbeschäftigungen waren, konnte Kay nebenbei Lieder schreiben und die norwegische Sprache wie auch Kultur kennenlernen.

Wir mussten packen, putzen, renovieren und das mit kleinen Kindern. Aber wir haben es geschafft. Kays Mutter hatte Schwierigkeiten mit unserem Wegzug, insbesondere trauerte sie über den „Verlust" ihrer Enkel. Aber wir konnten nicht anders.

Lied: The Lord is my rock / Mein Fels

The Lord is my rock, my fortress, my deliverer,
my divine protector.

And I will trust in him with all my heart.
From his perfect will I will never depart.
I will trust the Lord, my God, with all my heart.

It is better to trust in God than to trust in man.
He will never fail.

Der Herr ist mein Fels, mein Anker, mein Befreier,
meine starke Festung.

Und ich vertraue ihm mein Leben an,
weil er Hoffnung gibt, so dass ich leben kann.
Ich vertraue Gott, dem Herrn an jedem Tag.

Ich verlasse mich fest auf Gott.
Ich bin in seiner Hand.
Er enttäuscht mich nie.
Nein, er enttäuscht mich nie.

(c) 2009 Janz Musikverlag adm. by Gerth Medien Musikverlag,
Asslar
T.+M.: Kay Wächter, Übersetzung: Peter Eltermann
Dieses Lied ist auf den CDs „Gott kann", „He fills my heart" und
hier zu hören:
http://youtu.be/P8d3yngcjhA

Bild 35: Ein ganz kleiner Teil vom Internat.1995

Zweite Arbeitsstelle - Internat

Das Internat lag idyllisch zwischen den Bergen, in der Nähe eines Sees. Es war umgeben von den Häusern der Angestellten des Internats. Die Kinder konnten überall spielen und keine gefährliche Straße drohte mehr, so wie vor unserem Haus in Deutschland.

Ich empfand keine große Begeisterung, als Lehrerin an dieser Schule zu arbeiten, sah es aber als Möglichkeit, Geld zur Versorgung der Familie zu verdienen. Die Schüler waren 16- bis 17-Jährige, die eine Auszeit vom Lernen und Arbeiten wollten. Dies war so gegensätzlich meiner Natur, wie es gegensätzlicher nicht sein konnte. Ich arbeite schnell, viel und gern und ich wusste nicht, was man mit unwilligen Jugendlichen machen sollte. Ein großer Prozentsatz der Jugendlichen war zudem krank, Sozialfall und kriminell. Das machte die Arbeit mit ihnen nicht einfacher.

Eine Aufgabe hätte mir allerdings viel Freude gemacht: der Schulchor. Ich hatte gute Lieder und Pläne und war gespannt auf den Chor. Dann wurde ich jedoch enttäuscht. Die Stundenpläne

131

wurden festgelegt und ich bekam alle möglichen anderen Fächer, aber nicht den Chor.

Lehrpläne, Lehrbücher und brauchbare Instrumente gab es nicht, geschweige denn Computer oder sonstiges an Ausstattung. Ich musste zur 20 Kilometer entfernten Bücherei fahren, um Lehrbücher auszuleihen. Es kostete mich viel Zeit, den Lehrstoff zusammenzustellen, der zu meiner Gruppe passte.

Ich arbeitete sehr hart, um die neue Arbeitsstelle zu bewältigen. Mein Trost war, dass diese Schule auch ein missionarisches Umfeld war und dass ich Gott wie auch Vaterland durch die Arbeit hier diente. Meine Familie zu versorgen war mir zudem sehr wichtig. Es wurde von mir verlangt, den Busführerschein zu machen, so dass ich die Schüler bei Exkursionen selbst fahren konnte. So machte ich auch den Busführerschein.

Überraschungsgeschenk

Dann, aus heiterem Himmel, wurde mir übel, meine Periode blieb aus und ich las im Internet alles, was ich über Scheinschwangerschaften finden konnte. Denn es konnte nicht sein, dass ich schwanger war. Mein Körper war überarbeitet, so war es nicht verwunderlich, dass er ein wenig verrücktspielte.

Schwangerschaftstest und Ultraschall zeigten eindeutig, dass ein kleines Kind in mir heranwuchs. Wir waren überrascht, sahen dies aber nicht als Problem. Eine Schwangerschaft ist keine Krankheit. Ich dachte, ich würde sicherlich bis Schuljahresende unterrichten können. Bei der vorhergehenden Schwangerschaft konnte ich ja auch all meine Aufgaben bewältigen.

Diesmal litt ich allerdings an einer Beckenlösung. Eine hormonelle Krankheit, die das Becken für die Geburt erweitert. Das ist normalerweise etwas Gutes, aber bei mir war es viel zu stark und dadurch lagen die Knochen im Becken am falschen Platz, was extreme Schmerzen verursachte. Ich benötigte bald einen Rollstuhl. Bei meiner Arbeit im Internat gehörte es dazu,

Nachtwache zu halten und zu kontrollieren, dass alle Fenster und Türen geschlossen sowie alle Schüler in ihren Betten waren. Dies war mit einem Rollstuhl nicht möglich. Ich musste mich krankschreiben lassen. Daraufhin bat man Kay, nicht nur die Nachtwachen, sondern alle meine Aufgaben zu übernehmen. Er tat es. Er brachte seine eigenen Instrumente und Computer mit zur Schule und hielt einen sehr gelungenen Unterricht ab. Außerdem produzierten wir in diesem Jahr mit den Schülern eine kommerzielle CD. Die Schüler waren an allen Produktionsphasen beteiligt. Die CD wurde so gut, dass sie über den größten christlichen Verlag Norwegens verbreitet und in den Geschäften Norwegens verkauft werden konnte. Kay unterrichtete zweisprachig, Norwegisch und Englisch. Hier muss erwähnt sein, dass norwegische Jugendliche über deutlich bessere Englischkenntnisse verfügen als gleichaltrige Deutsche. So war die Verständigung kein Problem. Die Schulleitung empfand Kays norwegische Sprachkenntnisse jedoch nicht als gut genug und bot ihm nach einem Schuljahr eine Stelle als Küchenassistent an. Er putzte, während andere junge Lehrer unterrichteten, die zwar Musik liebten, aber keine Ausbildung dafür hatten.

Die Beckenlösung war schlimm. Aber die Tatsache, dass ich still auf dem Sofa lag, half unserem vierjährigen Sohn, endlich mit dem Sprechen anzufangen. Bis zu diesem Zeitpunkt sagte unser ältester Sohn nur Mama, Papa und Auto. Auf dem Spielplatz beteiligte er sich nicht am Gespräch mit den anderen Kindern. Den Schmerz des „Nicht-Kommunizieren-Könnens" kann ich noch heute in seinen Augen sehen. Auf dem Sofa liegend las ich ihm oft vor und wir plauderten. So kamen die Worte in beiden Sprachen und das sehr gut.

Wir erzogen unsere Kinder von Beginn an zweisprachig und redeten Deutsch und Norwegisch mit ihnen. Heute ist das ein großer Vorteil für sie. Damals dachte ich aber oft, dass die duale Spracherziehung falsch war, denn unsere Kinder fingen recht spät an, sich mit Worten auszudrücken.

Lied: Shine on me

Let the light of your face shine on me, oh Lord.
Let the power of your love set me free.

Fill me with the joy of your presence.
Fill my heart with overflowing joy.
Set my feet a dancing.
Let me shout for joy.

Show me all the things I should do.
Teach me the way I shall go.
Be my strength in the morning and throughout the day.

Bild 36: Unser Überraschungsgeschenk. 1996

Während dieser Schwangerschaft verlor ich meine Gesundheit, meine Arbeitsstelle, meine sozialen Kontakte, die Fähigkeit, Ehefrau, Mutter und Hausfrau zu sein. Aber ich bekam einen wertvollen Schatz - unseren dritten Sohn. Keines unserer anderen Kinder war so sanft wie er. Keines hat mir so oft die Haare liebevoll zerzaust wie er. Keines ist so zufrieden mit dem Leben wie er. Er träumt gern. Er ist sehr entspannt. Charakterlich ist er seinem Vater sehr ähnlich. Optisch könnte er mit meinem acht Jahre jüngeren Bruder verwechselt werden. Wenn man Bilder von den beiden im selben Alter sieht, sehen sie sich verblüffend ähnlich.

.....Sängerimpuls 27

Was hat das mit dem Singen zu tun?

Singe mit Behinderung! Genau betrachtet hat jeder Mensch besondere Hindernisse und Bedürfnisse. Sollte man warten mit dem Singen bis alles im Leben so ist wie man es sich wünscht, kann es sein, dass man mit dem Singen warten müsste bis man in den Himmel kommt.

Das Singen und die Lieder bringen ein Stück Himmel auf Erden in die aktuelle Lebenssituation. Ergreife diesen Genuss!

Der Körper kompensiert die Schwachstellen und hilft mit anderen Muskeln. Hier muss man jedoch wachsam sein, dass Muskeln, die für andere Arbeit geschaffen sind, nicht überbelastet werden. Trainiere die Schwachstellen sorgfältig, so dass jeder Muskel so bald wie möglich seine eigene Arbeit tun darf.

In unserem dritten Jahr am Internat war ich wieder so weit gesund, dass ich mich mit geringer Gehhilfe ein wenig bewegen konnte. Hunderte von Trainingsstunden lagen hinter mir und mehrmals die Woche Physiotherapie. Soziale Kontakte wurden trotz Schnee und Eisglätte zu Fuß wieder möglich. Die anderen

Angestellten des Internats hatten Kinder im gleichen Alter wie wir. An der Schule gab es einen Kindergarten für die Kinder der Angestellten. Dadurch erlebten wir viel Gemeinschaft miteinander. Wir trafen uns zum Essen oder zum Malen, zum Basteln oder Stricken. Bei jedem Geburtstag waren alle dabei und es gab eine große Feier. Das war gut so, denn die Schule lag ziemlich einsam, auf dem Land. In der Stadt gab es eine Kirchengemeinde. Dort dienten wir häufig ehrenamtlich in verschiedenen Bereichen. Wir leiteten die Gottesdienste und den Gesang. Wir predigten und organisierten diverse Dienste und vieles mehr.

Wohnungswunder

Kay bekam wieder eine Anstellung als Lehrer. Ich wagte, wieder an der Schule zu arbeiten, denn Kays Kusine kam aus Deutschland, um mir mit den Kindern zu helfen. Sie liebte die Kinder und konnte sehr gut mit ihnen umgehen. Um mehr Platz zu haben, mussten wir auf dem Schulgelände in eine größere Wohnung ziehen. Das ging relativ gut, da uns viele Menschen halfen.

Leider kamen zwei weitere Umzüge selbstverschuldet auf uns zu: Kay kocht sehr gern. Eines Tages stellte er einen Topf mit einem Huhn zum Kochen auf den Herd und ging zu Bett. Ich versprach, die Herdplatte auszuschalten bevor ich ins Bett ging. Tat ich auch, dachte ich … Dummerweise machte ich mir aber nicht die Mühe, das Licht anzuschalten und den Herd nochmals zu kontrollieren, sondern ich dachte, dass wenn der Schalter nach oben zeigt, alles in Ordnung sei. Weit gefehlt! Der Topf kochte trocken und ein schwerer Schwelbrand entwickelte sich im Haus. Unsere Rettung war, dass unsere Kinder nachts immer zu uns ins Zimmer kamen. Deshalb standen alle Türen offen und wir bemerkten den Brand. Unser Jüngster schlief im Zimmer neben der Küche. Er hätte in dem Rauch ersticken können. Doch niemandem geschah etwas und wir waren sehr dankbar und glücklich.

Unsere Wohnung benötigte jedoch eine Komplett-Renovierung. Der penetrante Geruch hatte sich überall eingenistet und der Sachschaden war enorm. Alles was wir hatten musste mit einem Spezialmittel behandelt werden. Bis die Renovierungsarbeiten fertig waren, mussten wir in einer kleinen Wohnung wohnen. Wir hatten fachmännische Hilfe beim Renovieren, trotzdem fiel eine sehr große Menge an Arbeit für uns an. Ich tat was ich konnte und wünschte mir bessere Beweglichkeit und mehr Kraft. Ich wünschte mir zudem, mehr Zeit mit meinen Kindern verbringen zu können. Außer Haus Vollzeit zu arbeiten trotz großem Handicap und gleichzeitig Mama dreier quicklebendiger Jungs zu sein, forderte mich sehr heraus. Ich begann davon zu träumen wie schön es wäre, wenn Kay die Familie komplett mit Finanzen versorgen würde.

Lied: Herr, du bist bei mir

Herr, du bist bei mir.
Du hältst mich fest.
Du tröstest mich.
Du lässt mich nicht allein.

Auch im Tal des Todesschatten fürchte ich mich nicht,
denn du bist bei mir.

Auch im Angesicht der Feinde fürchte ich mich nicht,
denn du bist bei mir.

Auch im harten Sturm des Lebens fürchte ich mich nicht,
denn du bist bei mir.
Du bist bei mir!
Du hältst mich fest.
Du tröstest mich.
Du lässt mich nicht allein.

Was hat das mit dem Singen zu tun?

Singe für dich selbst. Es ist gut anderen Menschen Lieder zu schenken, aber du bist auch jemand. Singe bewusst Lieder mit der Botschaft, die dir selbst eine Hilfe ist.

Im Herbst 1997 bekamen wir ein Stellenangebot aus einer mittelgroßen Kirche in Süddeutschland. Sie benötigten einen Musikleiter. Dies erschien Kay wie ein Traum. Dafür hatte er sich ausbilden lassen, dafür wollte er leben. Er wollte die Musik nutzen, um Menschen das Evangelium weiterzugeben. Hier würde er bezahlt und gleichzeitig sein Herzenswunsch erfüllt werden.

In der Weihnachtszeit schauten wir uns die Gemeinde an. Mit den Menschen dort studierten wir ein Mini-Musical ein. Einige Leiter der Gemeinde machten als Teilnehmer mit, um zu sehen, ob wir zu ihnen passen würden. Zu Kays großer Freude wurden wir angenommen.

Ich freue mich immer mit den Freudigen. So freute ich mich natürlich mit Kay, dass sein Traum nun wahr werden konnte. Dennoch war mein Empfinden gespalten. Inzwischen hatten wir drei Kinder und unser Ältester würde direkt nach dem Umzug in eine deutsche Schule eingeschult werden. Das deutsche Schulsystem hatte ich seinerzeit als schlechter als das norwegische empfunden. Jetzt, nachdem alle unsere Kinder das deutsche Schulsystem durchlaufen haben, bin ich mehr denn je davon überzeugt, dass ich mich nicht getäuscht hatte. Der Leistungsdruck, der auf den Kindern lastet, behindert die natürliche Entfaltung dessen, was in den Kindern steckt.

Der unfreundliche Umgangston, sei es auf der Straße, in vielen öffentlichen Ämtern oder von etlichen Lehrern, ist mir ein Gräuel. Trotzdem mutete ich ihnen dies alles zu, weil ich wusste, dass meine Kinder innerlich stark sind und weil Gott ihr Schutz ist.

Heute bin ich froh, dass sie auf diese Weise ein dickeres Fell bekamen und gelernt haben, sich zu behaupten.
Die Wohnungssuche in Deutschland gestaltete sich schwierig, da wir viele Sonderwünsche hatten: Nicht an einer befahrenen Straße wegen der Kinder, keine Treppen wegen meiner Einschränkungen, nah bei der Gemeinde wegen einer Auflage der Gemeindeleitung und bezahlbar mit Kays Musikergehalt. Da half nur ein Wunder.

Lied: You turned my wailing / Du schenkst mir Freude

You turned my wailing into dancing.
You turned my sadness into joy.
I am so thankful because you saved me.
I lived in darkness, but now I´m free.

My heart will sing to you and not be silent,
sing to you my God.

Weeping may last for a night,
but rejoicing comes with the morning.

Du schenkst mir Freude,
nimmst meine Trauer.
Mein Klagen wird zum Freudensang.
Ich bin so dankbar für deine Rettung.
Dein Licht vertreibt jede Finsternis.

Ich singe dir ein Lied.
Ich kann nicht schweigen,
sing für dich, meinen Gott.

Weinen währt nur über Nacht,
doch die Freude kommt mit dem Morgen.

(c) 2005 SCM Hänssler, Holzgerlingen
T.+M.: Kay Wächter, Übersetzung Kay Wächter, Heidi Wächter,
Daniela Pförtner
Dieses Lied ist auf der CD „He fills my heart" zu hören.

Wir fanden tatsächlich nicht rechtzeitig eine passende Wohnung. So mussten wir unsere Arbeitsstellen und unsere Wohnung in Norwegen kündigen ohne zu wissen, wo wir in Deutschland wohnen würden. Es war hart für mich, ohne eine neue Wohnung in Sicht die Vorbereitungen für den Umzug zu treffen. Ein Traum half mir. Ich sah mich in einer neuen Wohnung. Wir zogen dort ein und ich sah mich in einer Diskussion, wo unsere Sachen stehen sollten. Ich konnte sogar die Aufteilung der Räume aufzeichnen und zeigte die Zeichnung meinem Mann. Ich sah Gras auf einem Dach und die Aussicht unter anderem zum Wald. Er meinte, Terrassenhäuser gäbe es selten und sie seien voller Treppen. Also hakte ich es ab. Dennoch betrachtete ich den Traum als Bestätigung dafür, dass wir tatsächlich umziehen würden – wir wussten nur noch nicht wohin.

Kays Vater half uns bei der Wohnungssuche. Eines Tages sagte er ganz nebenbei, dass es in einem Park neue Wohnungen gäbe, die Gras und Pflanzen auf dem Dach hätten. Kay wurde hellhörig und bat seinen Vater nachzuforschen, ob etwas für uns dabei sein könnte. Und tatsächlich! Es gab freie Wohnungen in einem Wohnblock mitten in einer autofreien Gartenanlage, von der Kleinstadt nur durch eine Brücke getrennt. In der Nähe gab es Schulen, Kindergärten, Einkaufsmöglichkeiten und einen Bahnhof. Das Haus hatte einen Aufzug und die Wohnung selbst war auf einer Ebene.

Zuerst wollten die Vermieter uns eine Wohnung im zweiten Stock geben. Die Wohnung im vierten Stock, mit Gras und Pflanzen auf dem Dach, wurde für Ausstellungen genutzt. Wir hatten nichts anderes und mussten zusagen, obwohl sich unser Herz die Dachwohnung mit Garten und Wintergarten wünschte. Unsere Möbel wurden also in die zweite Etage getragen. Kay kam mit dem Umzugswagen zwei Wochen vor dem Rest der Familie an. Ich konnte damals ja nicht gut laufen, geschweige denn beim Umzug helfen.

Die Vermieter kamen, um die Wohnung „abzunehmen" und zu sehen, ob alles in Ordnung war. Beim Unterschreiben zögerte Kay und sagte, er wollte eigentlich lieber die Wohnung in der vierten Etage. „Was für ein Zufall", meinte der Vermieter. Er kam gerade von einer Sitzung, während der entschieden wurde, die Dachwohnungen zum Vermieten freizugeben. Mit Wintergarten und eigenem Garten auf dem Dach galt diese Wohnung jedoch als Luxus und war nicht zuschussberechtigt. Bei unserem Gehalt war die Zuschussberechtigung eine Voraussetzung, um überhaupt eine Wohnung mieten zu können. Ohne Zuschuss war sie zu teuer. Kay ging zum Rathaus, wo sie ihm freudig mitteilten, dass sie gerade eine Satzungsänderung vorgenommen hätten und unsere Wunschwohnung ab sofort zuschussberechtigt sei. Wow!

Zudem mussten wir die erste Wohnungsmiete nicht bezahlen, da sich alles zeitlich in die Länge gezogen hatte. In der Wohnung im vierten Stock waren bereits Tapeten an den Wänden und der Teppichboden war gelegt. Die Küche war neu, modern und durch die Ausstellung von besserer Qualität als in den anderen Wohnungen, die sich noch im Rohbau befanden. Viele Ausgaben und Arbeiten wurden uns erspart. Gott hat wunderbar für uns gesorgt.

Bild 37: So eine schöne Aussicht von unserer Dachterrasse. 1998

Lied: Solange ich bin

Solange ich bin,
solange ich lebe, lobe ich meinen Gott.

Er vergab mir meine Sünden,
befreite mich aus meiner Not.
Er stellte meine Füße auf felsenfesten Grund.
Ich lobe meinen Gott, denn er ist gut.

Er wird mich nie enttäuschen.
Er hält was er verspricht.
Ich brauch mich nicht zu fürchten,
weil er stets bei mir ist.
Ich lobe meinen Gott, denn er ist gut.

Unser ältester Sohn war inzwischen sechs Jahre alt und wurde eingeschult. Wir wurden mit einer netten Lehrerin gesegnet. In den zwei ersten Schuljahren war die Klasse in einem kleinen Gebäude untergebracht, abgeschirmt von der großen Schule. Unser Sohn hatte von Anfang an große Probleme mit seinem Kurzzeitgedächtnis. Ein Schaden, der ihm während der Geburt, durch den Sauerstoffmangel, zugefügt wurde. Er hätte dadurch große Gehirnschäden davontragen können. Wenn wir heute sehen, wie stark und gesund er sich entwickelt hat, sehen wir: Gott ist gut zu uns! Er musste zwar mehr als die anderen für die Schule arbeiten – und mit ihm wir alle, aber er hat es geschafft.

Unser „Sandwichkind" durfte in einen netten Kindergarten gehen, und zu meiner großen Freude erfuhr ich, dass eine der verantwortlichen Erzieherinnen Christin war.

Das Leben in dieser Stadt mit einem kleinen Jungen im Kinderwagen war viel schöner, als ich es vom vorhergehenden Aufenthalt in Deutschland in Erinnerung hatte. Die Leute in den Läden und Ämtern waren viel freundlicher. Viele meiner Sorgen, die ich mir vor dem Umzug gemacht hatte, erwiesen sich als überflüssig.

Musicals, CDs und Projekte

Glücklich über die wunderbare Fügung und Führung Gottes wussten wir, dass wir am richtigen Platz waren, und wir arbeiteten mit aller Kraft, um das Evangelium zu verbreiten. Kay war in der Gemeinde angestellt und ich half ihm ehrenamtlich bei der Arbeit, weil ich Lust dazu hatte. Es war mir eine große Freude, die Chöre zu dirigieren. Gott anzubeten war so schön für mich, dass ich freudig die Lieder für die Lobpreiszeiten der Gottesdienste aussuchte sowie die musikalischen Proben und den Lobpreis der Gemeinde leitete. Meine Freude war allerdings nicht frei von Anspannung und Angst. Ich empfand es oft als schwierig, Gottesdienstbesucher zum Mitmachen zu animieren. Wenn ich den Eindruck hatte, dass sich die Menschen Gott nicht eigenständig in der Anbetung hingaben, machte ich mir Druck, noch besser zu leiten.

143

Wir hielten Gebetsgruppen und Hauskreise bei uns ab, besuchten die Leute aus der Gemeinde und luden sie zu uns ein. Ich veranstaltete Frauenfrühstücke für die Menschen in den umliegenden Wohnblocks und für Mütter der Klassenkameraden meiner Kinder. Wir waren stark. Wir waren glücklich! Wir waren gesund! Naja, Kay war gesund und ich wurde mit der Zeit gesünder. Als unser Jüngster sieben Jahre alt war hatte ich zurückbekommen, was ich durch die Schwangerschaft an Gesundheit verloren hatte.

Wir wagten uns an relativ große Projekte: „Herzwärts" war eine professionelle CD-Produktion von neuen Liedern rund ums Herz. Wir wollten dazu ermutigen, von ganzem Herzen Gott zu suchen, zu lieben und zu dienen. Wir fertigten ein passendes Andachtsbuch an, ein Impulsbuch mit Anmoderationen, Geschichten, Gedichten, Deko-Ideen, Erlebnisberichten und Sketchen etc., zudem eine Reihe von Postkarten. Mit professionellem Layout und Druck „ging die Post ab". Zunächst schickten wir alles an eines der größten christlichen Verlagshäuser in Deutschland und danach an die Läden, die ihre Artikel von diesem Verlag bezogen. Wir gaben an verschiedenen Orten Konzerte, ja sogar bei Promikon, und stellten unsere Lieder und Produkte vor.

Wir riefen Musicals ins Leben mit bis zu 80 Mitarbeitern, Kulissen, Kostümen, Chor, Solisten, Band und CD-Aufnahme der Aufführung. „Freue dich Welt", ein Musical über das Leben Jesu, war unser größtes Projekt, bei dem auch die meisten Menschen zum Glauben kamen.

Bild 38: Die ersten eigenproduzierten CDs. 2000

Die Presse begleitete uns stets. Es wurden auch negative Kritiken veröffentlicht und ich fühlte mich gedemütigt und blamiert. Manchmal wurden meine Aussagen so verdreht, dass ich sie selbst nicht wiedererkennen konnte. Falsche Informationen in den Zeitungen waren mir nicht egal, aber die Tatsache, dass überhaupt über uns geschrieben wurde, fand ich gut. Aufmerksamkeit, ob gut oder schlecht, ließ mehr Menschen neugierig werden auf unsere Botschaft. Natürlich freute ich mich über die positiven Kritiken deutlich mehr.

Was hat das mit dem Singen zu tun?

Alle Arbeit in der Öffentlichkeit kostet Nerven. Man hat nicht immer Herzrasen, Schweißattacken oder eine zitternde Stimme, aber man reagiert immer in irgendeiner Weise. Das ist gut so. Die Anspannung hilft dir, dein Bestes zu geben. Erlaube auch dieser Seite von dir, da zu sein. Du schenkst deinen Zuhörern nicht nur dein Lied, sondern dich selbst, mit allen Erlebnissen, die den Inhalt deines Liedes ausmachen.

Wenn die Nerven dir Schwierigkeiten bereiten, kann progressive Muskelentspannung eine Hilfe sein. Wir ermüden die Muskeln etwas mehr, in der Hoffnung, dass sie sich danach entspannen wollen. Absichtlich langsames Atmen kann die Herzfrequenz etwas verlangsamen. Gehst du in Gedanken alle Einzelheiten deines Liedes durch, gibt es dir die mentale Sicherheit, dass du weißt, was du tun sollst. Doch mein bester Tipp ist, aufzuhören dich mit dir selbst zu beschäftigen und dich dafür den Menschen, denen du dienen willst, zuzuwenden. Was benötigen deine Zuhörer? Wer ist es, der ganz besonders braucht, was du vorbereitet hast? Wie kannst du es deinen Zuhörern leicht machen, das zu empfangen, was du ihnen schenken willst?

Musical im Saal der Volksmission

Esslingen (e) – Mehr als 400 Besucher drängten sich in den Saal der Volksmissionsgemeinde in der Ulmer Straße, als dort das Musical „Freue dich Welt" aufgeführt wurde. Die fünfte Aufführung des Musicals „Freue dich Welt" war der Höhepunkt der Veranstaltungsreihe und zugleich das Heimspiel. In Waldshut-Tiengen, Crailsheim, Bietigheim-Bissingen und Aichwald wurde „Freue dich Welt" nach Angaben der jeweiligen Veranstalter vor gutbesuchten Auditorien aufgeführt. Zentrales Organ der Aufführung war der 40stimmige Chor, zumeist besetzt mit jugendlichen Sängerinnen und Sängern, gestützt und begleitet von einer teils hochqualifizierten Band. Maßgeblich hat die Leistung der Dirigentin Heidi Wächter zum Erfolg des Musicals beigetragen. Die Ausdrucksstärke und stimmliche Intensität mancher neu entdeckten Soul-Stimme verblüffte die bunt gemischte Zuhörerschaft und ist sicher wert, gefördert und ausgebaut zu werden. In zahlreichen Szenen brachten die Laienschauspieler ihr Können ein, um rund 35 biblische Personen lebendig werden zu lassen. Verantwortlich für das Projekt war Kay Wächter, Jugendpastor der Volksmission Esslingen, musikalischer Leiter, Komponist, Arrangeur und Bandleader am Piano. Weihnachten war Mittelpunkt des Musicals. Darum herum spiegelte sich das Leben des Welterlösers Jesus Christus in seinen vielen, teilweise dramatischen Facetten. Liebgewordene Weihnachtslieder und frische rhythmische Anbetungslieder wurden vom Publikum begeistert mitgesungen. Deutlich wurde die historische Botschaft in den zeitlichen Kontext der Gegenwart gestellt. Laute Jubelrufe und tosendes Klatschen zeugte von der persönlichen Identifizierung mit der frohen Botschaft des Evangeliums. Der Funke war nicht mehr zu halten, die Kunde vom auferstandenen Christus wurde von der Zuhörerschaft gefeiert. Mit der Aufforderung des Ensembles „Preist Gott in der Höhe" wurde schließlich das Schlußlied „Freue dich Welt" zu einem gewaltigen Finale der Botschaft von Weihnachten. Zweifellos war die Aufführung des Musicals nur eine Seite der Medaille. Das größte Verdienst des Projekts liegt jedoch im Bereich der integrativen Jugendarbeit und der musischen Sensibilisierung junger Menschen. Glücklich können die Veranstalter und Mitwirkenden auf ein erfolgreiches Projekt zurückblicken; das nächste ist bereits in Vorbereitung.

Bild 39 und 40: Presseberichte. 2000

147

Tournee:

Musical
„Freue Dich Welt!"

reudenstadt, Alfdorf, Schorndorf-Weiler, Dagersheim, Dillingen, Esslingen hießen die Stationen der Tournee des Musicals „Freue dich, Welt" im Dezember. Ca. 70 Sängerinnen, Sänger, Musiker, Darsteller, Techniker und Helfer aus der Volksmissionsgemeinde Esslingen und aus einigen benachbarten Gemeinden führten unter der Leitung von Kay und Heidi Wächter das Leben von Jesus von der Krippe bis zum Kreuz auf. Dabei stießen sie auf große Resonanz, die Häuser waren zum Teil überfüllt. Die Hälfte der Besucher in Dillingen waren gemeindefremde Gäste. Zur Band gehörten Kay Wächter und Michael Gassmann (Keyboard), Timon Busch (Bass), Martin Blanchard (Guitar), Andreas Reiser und Tobias Bachmann (Drums) und Martin Gassmann (Sax). Im Folgenden der Bericht aus Dagersheim:

Am 10. Dezember 2000 wurde in Dagersheim dieses einfühlsame, aussagekräftige und professionelle Musical „Freue dich Welt!" aufgeführt. Über 250 Zuschauer konnte Gemeindeleiter Herbert Schumacher in der schönen Zehntscheuer begrüßen, sie war bis auf den letzten Platz gefüllt.

Große Resonanz für die Gruppe aus Esslingen

Das 100-minütige Programm begann mit der Weihnachtsgeschichte. In eindrucksvoller Weise erschien der Engel sowohl Maria als auch Josef und kündigte ihnen die Geburt des Heilandes an. An der Krippe standen Maria und Josef dem Jesuskind, die Hirten und die Weisen aus dem Morgenland, sie sangen und beteten das Kind an.

In dem Musical wurde das ganze Leben Jesu dargestellt: wie er gepredigt, Kranke geheilt und Tote auferweckt hat. Schließlich konnte man auch sehen, wie rauhe Kriegsknechte Jesus gefangen nahmen und kreuzigten. Auch der Hauptmann am Kreuz bekannte: „Dieser Mann war wirklich Gottes Sohn" und stimmte das Lied an: „Ich stehe hier an deinem Kreuz, deine Hände sind durchbohrt von Nägeln. Ich stehe hier an deinem Kreuz und dein Kopf trägt eine Dornenkrone ..." Dann stimmte der Chor mit ein: „So sehr hast du die Welt geliebt, dass du dein Leben für uns gabst, und jeder der an dich glaubt, wird nicht verloren gehn." Dann durften wir auch die siegreiche Auferstehung von Jesus miterleben. Die Frauen und der ganze Chor stimmten ein: „Er lebt, er lebt! Das Grab ist leer. Der König lebt!"

Die musikalische Leitung hatten Kay und Heidi Wächter und die Inszenierung Claus Zembitzki. Kay hat viele Lieder selbst getextet und komponiert. Heidi ist eine ganz einmalige Dirigentin, sie dirigiert den Chor mit ihrer ganzen Persönlichkeit, mit Körperbewegungen, Mimik und Begeisterung, sie reißt den ganzen Chor mit. Auch die Inszenierung von Claus war einmalig. Jeder Beteiligte war ganz bei der Sache und gab sein Bestes. Man merkte, dass sie von der Botschaft überzeugt waren und mit ihrem Leben dahinterstehen. Auch das Publikum wurde beteiligt, sie durften bei bekannten Liedern mitsingen. Alle waren Feuer und Flamme – einfach begeistert!

Zum Schluss dankte Pastor Theo Pratz allen Beteiligten. Er wies noch darauf hin, dass Jesus auch für uns Menschen kam und uns zu erlösen. Er fand keinen Raum in der Herberge. Heute möchte er einen Platz in unserem Herzen haben, und dass Jesus auch für unsere Sünden am Kreuz gestorben ist. Er ruft uns gerade jetzt zu: „Kommet her zu mir alle, die ihr mühselig und beladen seid, ich will euch Ruhe geben."

Es hat einfach alles zusammengepasst: Der feierliche Rahmen, die schöne, altehrwürdige Zehntscheuer, der gute Chor, die Band mit ihrer musikalischen Begleitung und die eindrucksvollen Darsteller, sie alle haben die Botschaft von der Liebe Gottes in einmaliger Weise verkündigt. Soli deo Gloria! ◄

Theo Pratz

Die Gute Nachricht: verpackt als Musical

Andere selbstproduzierte Musicals waren „Fest der Geschenke", „Lobpreis der Offenbarung", „Fanny Crosby". Im Musical „Fanny Crosby" arrangierte Kay Fanny Crosbys Lieder neu und zeitgemäß und die Lebensgeschichte dieser bemerkenswerten, blinden Dichterin wurde neu zusammengefasst, geschrieben und gelesen von unserer Schwägerin. Dies wurde ein bemerkenswertes Projekt, das Jung und Alt vereinte. Die Älteren freuten sich darüber, die alten Lieder wieder zu singen und die Jüngeren lernten die Lieder kennen. Die moderne musikalische Sprache freute Akteure und Zuhörer.

Bild 41: Aufführung von Fanny Crosbys Liedern. 2001

Bild 42: Unsere Kinder waren immer treue Unterstützer der vielen Projekte.
2001

Großes „Fest der Geschenke" in der Bronnbachhalle

(eb/hil). Das „Fest der Geschenke" war Motto eines Benefizkonzerts der Weilermer Gemeinde Gottes, zu dem am Sonntag Abend rund 400 Besucher in die Bronnbachhalle kamen. Beim Musical „Fest der Geschenke" unter Leitung von Gabriele und Heidi-Anett Wächter

(alle aus Esslingen) waren Kinder als Geschenke verkleidet, die singen und über den Sinn des Schenkens ins Gespräch kommen. Anlass des Konzerts war die Aktion „Weihnachten im Schuhkarton" zugunsten notleidender Kinder im Osten. Wie Pastor Heinrich

Scherz mitteilt, kamen bislang über 100 Pakete zusammen, und bereits gestern startete der Lkw des Plüderhäuser Samariterdienstes. Die Weilermer Kartons sind für die südbulgarische Partnergemeinde der Gemeinde Gottes Weiler in Parvomai bestimmt.   Bild: Steinemann

Bild 43: Pressebericht: Kinder Musical Aufführung. 2001

Zur Freude unsere eigenen Kinder machten wir mehr und mehr Projekte für und mit Kindern: Kindergottesdienste und Pfadfinderarbeit, aber auch Musikproduktionen mit Liedern für und mit Kindern, Kinderchöre und Kindermusicals. Unsere Schwägerin schrieb die Texte eines Kindermusicals maßgeschneidert für die Aktion „Weihnachten im Schuhkarton", eine große Initiative, um armen Kindern in Osteuropa zu Weihnachten eine Freude zu bereiten. Mein Mann schrieb Melodien, arrangierte, leitete die Band und ich half den Kindern beim Einstudieren und Durchführen des Musicals. „Fest der Geschenke" war eines von vielen Chorprojekten für Kinder, Jugendliche, jedermann. Das waren Highlights und wir schwärmen noch heute davon.

Jährlich führten wir mehrere Freizeiten durch. Die Freizeiten mit meinen Schwiegereltern waren dabei absolute Höhepunkte. Meine Schwiegereltern und auch meine Eltern haben in Sachen "Leiten von Freizeiten" ein Leben lang Erfahrung und sie sind große Vorbilder für mich. Es ging nie nur darum, eine Gruppe von Menschen zu unterhalten, sondern vorzubereiten auf soziale und geistliche Höhepunkte in ihrem Leben. Die Oma-Opa-Enkelkinder-Freizeiten waren besonders gut. Generationsübergreifende Liebe und Rücksicht in Aktion waren wunderbar zu erleben. Die alljährliche Arbeit auf diesen Freizeiten half mir, das Konzept des gemeinsamen Musizierens mit Senioren und Kindern zu entwickeln, mit dem ich 10 Jahre später sogar Geld verdienen sollte.

Bild 44: Oma Opa Enkelkinder Freizeit. 2001

Bild 45: Freizeit. 2002

Lied: Gesegnet ist der Mensch

Gesegnet ist der Mensch, der auf Gott vertraut,
dessen Zuflucht der Herr alleine ist.
Gesegnet ist der Mensch, der auf Gott vertraut.
Er wird sicher und geborgen sein.
Der Herr erlöst sein Leben,
umgibt ihn mit Gnade,
befreit ihn von all seiner Schuld.
Gott segnet seine Hände
und alles was er tut.
Er wird sicher und geborgen sein.

Er ist wie ein Baum, der am Wasser steht.
Sein Leben blüht, selbst wenn es trocken wird.
Noch im hohen Alter bringt er reichlich Frucht.
Er wird sicher und geborgen sein.

(c) 2002 Janz Musikverlag adm. by Gerth Medien Musikverlag,
Asslar
T.+M.: Kay Wächter
Dieses Lied ist auf der CD „Unendlich nah" zu hören.

Kindererziehung

Und nebenbei erzogen wir unsere Kinder. Wir backten
zusammen, kochten und putzten. Wir bauten Hütten und
dekorierten, bastelten, spielten Rollenspiele und auch mit
Legosteinen. Wir lernten zusammen und wir sangen. Oft waren
wir an der frischen Luft, auf den Spielplätzen im nahegelegenen
Park.

Wir hatten süße Hasen, die von Zeit zu Zeit Junge bekamen.
Große Spannung. Große Freude. Große Liebe. Große Trauer,
wenn sie starben. Ohne unser Zutun bekamen wir jedes Jahr
Enten. Wir wohnten neben einem großen Fluss und die Enten
suchten einen ruhigen Ort für ihre Brut. Sie flogen auf unseren
Dachgarten und legten dort ihre Eier ab. Kurz danach hatten wir
viele Küken, die wir liebevoll versorgten. Unser Haus war 15

Meter hoch und die Flügel der Kleinen trugen nicht so gut wie die Flügel der Mutter-Enten. Somit wurde es wichtig, die Kleinen rechtzeitig zum Fluss zu tragen, bevor sie versuchten ihrer Mutter zu folgen. Unsere Dachrinne war teilweise verhängnisvoll für die Kleinen. In einem Jahr waren wir etwas zu spät mit unseren Vorbereitungen und wir hörten durch das Rohr der Dachrinne, das in unsere Tiefgarage führte, die süßen Küken verzweifelt um Hilfe rufen. Was macht man da? Wir riefen den Tierschutzverein an und überließen ihnen die weitere Rettungsaktion.

Ich passte gut auf die Kinder auf. Trotzdem erlebte ich mehrere Dinge, von denen ich dachte sie könnten nur passieren, wenn man die Kinder nicht aufmerksam hütete. Ich liebte sie und tat alles was in meiner Macht stand, es ihnen zu zeigen. Trotzdem schaffte es unser Jüngster, unbemerkt über das Gitter unseres Dachgartens zu klettern, wo er schutzlos hätte 15 Meter in die Tiefe stürzen können. Er beugte sich sogar über den Rand des Daches, um etwas aus der Dachrinne zu holen. Ich entdeckte ihn und brachte ihn in Sicherheit, aber es hätte auch anders ausgehen können.

Bub mit Dreirad ausgebüchst

Bad Cannstatt (uli) – Ein dreijähriger Bub hielt am Dienstag seine Mutter, die Mitarbeiter einer Tankstelle und die Polizei mehr als eine Stunde lang in Atem. Die Cannstatterin wollte am Nachmittag mit ihren beiden Jungs, darunter der dreijährige Andre, spazierengehen. Andre war beim Anziehen der Schnellste und fuhr gutgelaunt und voller Tatendrang mit seinem Fahrzeug – einem Dreirad – voraus. Als die Mutter ihm eine Minute später folgte, war der Unternehmungslustige bereits spurlos verschwunden. Die besorgte Frau benachrichtigte sofort die Polizei sowie ihre gesamte Familie. Auch die benachbarten Geschäfte und eine Tankstelle wurden um Mithilfe bei der Suche gebeten. Zunächst ohne Erfolg. Erst nach mehr als einer Stunde fand ein Angestellter der Tankstelle den Ausreißer. Der Dreijährige hatte kurzerhand die B 14 mit seinem Dreirad überquert und war auf dem Weg zum Cannstatter Bahnhof. So nahm der Ausflug von Andre ein glückliches Ende, und die frohe Mutter bedankte sich bei allen an der Suche Beteiligten.

Bild 46: Wir haben sogar Schlagzeilen in der Zeitung gemacht. 1995

Ein anderes Mal, bei einer Dampferfahrt, flitzte eins unserer Kinder blitzschnell zur ungesicherten Öffnung. Nur ein paar Zentimeter fehlten und unser Junge wäre zwischen Schiff und Kai eingequetscht worden.

Im Laufe der Jahre mussten etliche gebrochene Knochen im Krankenhaus in Gips gelegt werden. Solche Dinge geschahen eben. Wir schützten unsere Kinder so liebevoll und gut wir konnten, trotzdem konnten wir nicht alles verhindern. Wir waren auf Gottes Bewahrung angewiesen. Zum Beispiel, als uns ein Falschfahrer entgegen kam. Zum Glück fuhren wir weit genug rechts und er rammte uns nicht.

Im Herbst 1999 kam unser Jüngster in denselben Kindergarten wie sein älterer Bruder und im Jahr 2000 durfte auch unser

Zweitältester zur Schule gehen. Er bekam dieselbe nette Lehrerin, die unser Ältester die vorhergehenden zwei Jahre hatte.

Die Zeit zusammen mit den Kindern war wunderschön! Die Kinder brachten mir fast täglich selbstgebastelte Geschenke und es mangelte nie an wunderbaren Umarmungen und strahlenden Gesichtern. Es hört sich vielleicht an, als wäre diese Zeit sehr einfach gewesen, aber das war sie nicht. Ich hatte ständig mit Bronchitis zu kämpfen und musste sieben Antibiotikakuren pro Jahr durchführen. Im Jahr 2000 wurde ich deswegen vier Wochen zur Kur ins Allgäu geschickt und verpasste somit die Einschulung unseres Sohnes. Ich wurde in Interviews oft gefragt, wie ich mein sehr aktives Leben mit dem der Familie in Einklang bringe. Meine Antwort darauf ist ehrlicherweise: Ich schaffte es nicht. Ich benötigte oft die Hilfe meiner Schwiegereltern und anderen und trotzdem blieb vieles Wichtige auf der Strecke. Unter anderem meine eigene Gesundheit.

....Sängerimpuls 30

Was hat das mit dem Singen zu tun?

Viele Kinderlieder sind prima Gesangsübungen und gleichzeitig Gute-Laune-Macher. Während du mit deinen Kindern musizierst, nutzt das auch dir. Du kannst die Kinderlieder bewusst noch nützlicher für dich selbst machen. Fange leise in einer tiefen Tonlage an und transponiere das Lied nach und nach aufwärts. Wenn man die Worte überdeutlich ausdrückt, bekommen die Artikulationsmuskeln und ebenso die Bauchmuskeln mehr zu tun und werden somit stärker. Auf diese Weise kann die musikalische Erziehung der Kinder gleichzeitig zur Stärkung der eigenen Muskeln werden.

Lied: Höre auf Gott

Höre auf Gott.
Vertraue ihm.
Tu´ was er sagt.
Das erspart dir viel Ärger.
Höre auf Gott.
Vertraue ihm.
Tu´ was er sagt.
Das erspart dir die Sorgen wenn du hörst, was er sagt.

Ich höre auf Gott.
Ich vertraue ihm.
Ich tu´ was er sagt.
Das erspart mir viel Ärger.
Ich höre auf Gott.
Ich vertraue ihm.
Ich tu´ was er sagt.
Das erspart mir die Sorgen wenn ich hör´, was er sagt.

(c) Waechter-Media Thomas Wächter, www.waechter-media.de
T.: Gabriele Wächter, Kay Wächter, M.: Kay Wächter
Zu diesem Lied gibt es leider noch kein Hörbeispiel.

Das nötige „ Kleingeld"

Wir waren in Deutschland, um das Evangelium zu verbreiten und galten somit, aus norwegischer Gemeindesicht, als Missionare. Wir verschickten immer wieder Informationsbriefe, damit missionsinteressierte Norweger wussten, was aktuell bei uns lief. Kay bekam Gehalt von der Kirche, in der er angestellt war. Unsere Missionsfreunde eiferten dafür, dass auch ich ein Arbeitsentgelt erhalten sollte. Zunächst einen kleineren Betrag, der nach und nach zu einer 100%igen finanziellen Versorgung der Familie, „Betriebskosten" inklusive, aufgestockt werden sollte.

Im Jahr 2000 war es dann so weit. Wir bekamen zum ersten Mal finanzielle Unterstützung aus Norwegen. Etwa 400 € jährlich. Im

Jahr 2002 war der Betrag schon auf 3.000 € gewachsen. Dafür sollten wir das Evangelium in Deutschland verbreiten. Das taten wir ohnehin durch die Arbeitsstelle in der Kirche. Darüber hinaus nutzten wir unsere freie Zeit um Tonträger zu erstellen. Das beinhaltet komponieren, arrangieren, produzieren, Printmedien herstellen, Werbung machen, mit den Musikern proben, Aufnahmen machen, die Verpflegung der Musiker, Studioarbeit, Druckkosten, Fahrtkosten, Babysitter-Kosten. Wir sangen auf Messen, Straßen und Konferenzen und haben das Evangelium an viel mehr Menschen weitergeben können, als wenn wir uns auf die Arbeit in der lokalen Gemeinde begrenzt hätten.

Ich wollte mich nicht ausruhen auf dem, was wir selbst machen konnten, um das Evangelium zu verbreiten. Ich wollte, dass sich die Ausbreitung des Evangeliums durch meine Arbeit multipliziert. Deswegen begann ich wieder, zuhause Gesangsunterricht zu geben, als dezentralisierter Unterricht einer Musikschule. Zudem startete ich Stimmbildungsworkshops sowie Chöre für verschiedene Altersgruppen. Die Interessenten meldeten sich willig an und beurteilten jedes einzelne Projekt sehr positiv. Gesangs- und Musikunterricht waren für mich nicht nur etwas, das ich den Menschen zum eigenen Genuss beibrachte. Ich tat diese Arbeit, um Menschen zum Verkündigen des Evangeliums durch Musik und Gesang auszubilden. Ich bildete neue Missionare, Evangelisten und Verkündiger des Evangeliums aus.

Ich benötigte Arbeitsmaterial und ein passendes Lehrbuch für die vielen Gesangskurse, die ich gab, aber ich konnte keines finden, zu dem ich stehen konnte. In den vorhandenen Büchern war viel zu viel Druck zu spüren. Das Thema „Atemstütze" musste meiner Meinung nach ganz anders erklärt werden. Deshalb schrieb und veröffentlichte ich ein Unterrichtsbuch zur Gesangstechnik. Hierfür ließ ich inhaltliche und sprachliche Korrekturen durchführen, ließ Bilder malen, ein Layout erarbeiten und verkaufte es dann privat und über das Internet. Auch als E-Book wurde dieses Buch gerne gekauft. Es ist auch heute noch erhältlich. Allerdings wird mein zweites Stimmbildungsbuch: „Singen, aber wie?!" inzwischen lieber erworben. Es ist umfangreicher.

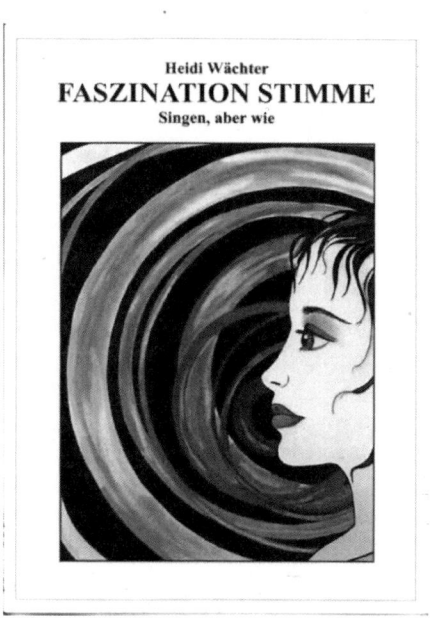

Bild 47: So sah mein erstes Buch aus. 2002

Wie die Schallwellen sich verbreiten, so wollte ich, dass der Gesang durch dieses Buch Verbreitung findet. Dies geschah auch. Tausende von Menschen lernten inzwischen von mir das Singen. Der Inhalt dieses Buches ist das, was ich in der Krankheitszeit, aufgrund der Beckenlösung, lernte. Damals gingen viele Gesangsmuskeln kaputt und meine Stimme brach mitten im Ton ab. In dieser Zeit lernte ich, jeden Muskel zu trennen und separat stark zu machen. Wenn jeder Gesangsmuskel stark genug geworden war, konnte er gesanglich leisten, was ich von ihm brauchte. Dieses Prinzip verschafft mir noch heute viele Einladungen. Menschen wollen es lernen und ich bringe es ihnen gerne bei. Inzwischen bin ich oft auf Reisen und treffe überall Sänger, die ich im Laufe der Zeit ausbildete und freue mich über den vollmächtigen Dienst, den sie tun, um das Evangelium durch ihre Lieder weiterzugeben. Ich segne sie alle.

Lied: May the Lord bless you / Möge Gott dich segnen

May the Lord bless you and keep you.
May his face shine upon you.
The Lord be gracious to you.

May his love and his grace and his perfect peace
guide your heart and your mind and your life.

Soon the day will come
when your work on earth is done.
United we will stand before Gods throne.
We will lift up holy hands.
We will shout and we will dance.
But the good work must go on until this day has come.

Möge Gott dich segnen, behüten,
seine Gnade dir leuchten.
Der Herr sei dir immer nah.

Gott behüte dein Herz und dein ganzes Sein
und sein Friede sei immer um dich.

Bald holt Gott uns heim
und wir werden bei ihm sein
wenn die Zeit in dieser Welt zu Ende ist.
Vor dem Thron stehn wir vereint,
jubeln laut wenn er erscheint.
Doch bis dahin stehen wir
in seinem Dienst noch hier.

(c) 2009 Janz Musikverlag adm. by Gerth Medien Musikverlag,
Asslar
T. + M.: Kay Wächter, Übersetzung: Peter Eltermann.
Dieses Lied ist auf der CD „He fills my heart" zu hören.

Bild 48 und 49: Kinderchorleitung, 2002

Selbst und ständig

In dem Zeitabschnitt, in dem ich zwischen 35 und 42 Jahre alt war, waren die Kinder zwischen sechs und 17 Jahre alt. Demzufolge wurden sie auch immer selbstständiger. Das gab mir die Freiheit, meine Selbstständigkeit auszubauen. Ich half in der Gemeinde, arbeitete bei zwei Musikschulen und begann auf Einladung auswärtige Dienste anzunehmen. Ich leitete kleine bis riesige Chöre. Mein Mann kündigte und wurde danach selbstständig.

Selbstständiges Arbeiten war für mich nichts Neues. Neu jedoch war, dass Menschen zunehmend für meine Dienste bezahlten. Zunächst erteilte ich in einer, ab 2002 in drei Musikschulen Gesangsunterricht, weshalb ich drei bis vier Tage in der Woche pendelte. In dieser Zeit erreichte ich die Grenze für steuerfreie Einkommen und durfte Steuern bezahlen. „Schwarz" arbeiten kam für mich nicht in Frage, deshalb wagte ich den Sprung in die Selbstständigkeit. Nun war ich Kleinunternehmerin und verdiente Geld mit dem, was mir ein Herzensanliegen war: Gesang und Multiplikation der Verkündigung.

Lied: Mehr als ein bisschen

Mehr als ein bisschen will ich dir geben,
mein ganzes Herz, meine Seele, meine Kraft.
Mehr als ein bisschen will ich dir geben.
Ich gebe dir mein ganzes Herz.

Ich steh vor dir.
Mein Herz ist voller Verlangen nach dir.
Berühre mich Herr.
Ich brauche dich.
Lass mich deine Nähe spür'n.

Mehr als ein bisschen will ich empfangen.
Erfülle mich und durchdringe mich, Herr.
Mehr als ein bisschen will ich empfangen.
Erfülle du mein ganzes Herz.

WMedia Thomas Wächter Musikmedien. www.waechter-media.de
T.: Gabriele Wächter, M.: Kay Wächter
Dieses Lied ist auf der CD „Herzwärts" zu hören.

....Sängerimpuls 31

Was hat das mit dem Singen zu tun?

Wer ständig arbeitet, zerstört seine Stimme. Ich habe gerne sehr viel gearbeitet, doch der Krampf in meiner Stimme blieb nicht aus. Auszeiten müssen sein. Der Sonntag muss sein, selbst wenn er an einem anderen Tag nachgeholt wird. Feierabend muss sein, nach einem anstrengenden Arbeitstag. Freude bei der Arbeit muss sein. Lass los, wenn du fleißig genug warst, und mache bewusst Pause. Plane Pausen als wichtige Termine ein, falls deine Ruhezeiten in der letzten Zeit zu kurz ausgefallen sind. Der Klang deiner Stimme wird es dir danken.

Durch die Musikschüler fühlte ich mich beteiligt an dem, was sie taten und sangen. Viele Sänger, inzwischen mehrere Tausende, bekamen Ratschläge von mir, wie man am gesündesten und wirkungsvollsten mit seiner Stimme umgeht. Viele dieser Sänger haben bereits CDs aufgenommen, singen für Menschenmengen und sind bekannter geworden als ich selbst. Deswegen fühle ich mich stolz wie eine Mutter auf ihr Kind. Dies ist für mich eine große Freude. Ich investiere absichtlich in den Dienst an Menschen deren Wunsch es ist, vielen Menschen das Evangelium weiterzugeben. Ich helfe anderen dabei, etwas gelingen zu lassen, wo ich selbst so gerne noch mehr tätig wäre.

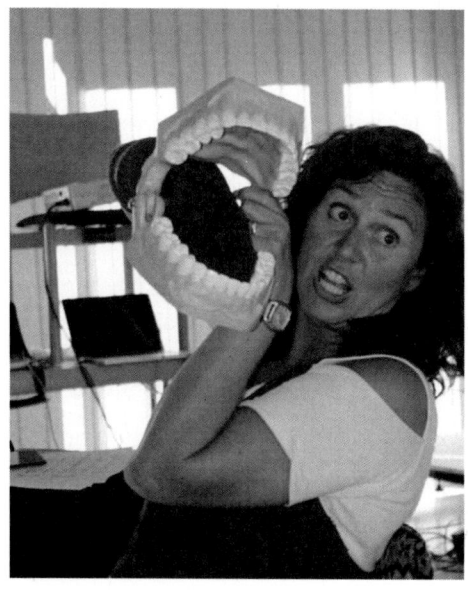

Bild 50: Gesangsunterricht. 2003

Für mich ist wichtig, dass jedes Lied dem Sänger/der Sängerin gut tut. Die Lieder und das Singen heilen die Persönlichkeit. Es werden immer wieder neue Bereiche im Leben aufdeckt, in denen man hinzulernen darf. Die Stimme ist das symptomatische Merkmal im Körper, das mit sofortiger Spannung reagiert, wenn der Körper Stress empfindet. Im Unterricht lösen wir, mit Gottes Hilfe, die Knoten und Knackpunkte und die Stimme klingt befreit und wunderschön. In so einem Heilungsprozess und auch wenn so eine Heilung geschehen ist, finde ich das Vorsingen wichtig. Es stärkt das Selbstwertgefühl, baut Ängste ab und hat zudem eine auferbauende Wirkung auf den Zuhörer.

Ein Beispiel: Eine Schülerin hatte ihr Lied im Unterricht sehr gut gekonnt und ich bat sie, es jemandem als originelles Geburtstagsgeschenk vorzutragen. Meine Schülerin sang ihrer Arbeitskollegin das Lied im Großraumbüro vor. Sie hatte zuvor immer wieder versucht, mit den Menschen dort über Gott ins Gespräch zu kommen, aber es gelang nicht. Durch ihr Lied jedoch, bekamen die Kollegen offene Ohren und Herzen und sie konnte von Jesus erzählen.

Ich kann nicht zu jedem Arbeitsplatz gehen und singen oder zu jeder Konferenz und auftreten. Ich kann nicht jede Kirche besuchen und dort mitarbeiten oder alle Chöre des Landes leiten. Ich kann auch nicht alle Sänger im Land unterrichten, aber ich kann einige davon dazu ausbilden, dass sie es tun. Inzwischen fühle ich mich total kinderreich. Im Leben der meisten meiner Schüler bin ich nur ein kleines Puzzlestückchen, aber immerhin bin ich dabei. Man kann die Wirkung der eigenen Arbeit herunterspielen, aber das entmutigt und macht traurig. Für mich ist es wichtig, mich selbst und andere zu ermutigen. Ich erlebe im täglichen Leben bereits einiges, das mich „herunterzieht". Warum sollte ich mich selbst auch noch „herunterziehen"?

Die Krankheit meiner Mutter

In unserer arbeitsreichsten Zeit erkrankte meine Mutter an Lymphdrüsenkrebs und kam nur knapp mit dem Leben davon. Es war schwierig für mich, in der Phase ihres Leidens so weit weg von ihr zu sein. Ich dachte ständig an sie, betete für sie, litt mit ihr. Zweimal nahm ich mir mehrere Wochen frei, um bei ihr sein zu können. Ich besuchte sie in den Kliniken, kaufte für sie ein und tat alles, was ihr eine Hilfe sein könnte. Sie war sehr schwach und mein Vater war verzweifelt. Die halbe Welt betete für sie und tatsächlich, nach einem furchtbaren Jahr mit unaussprechlichem Leiden, veränderte sich die Lage. Es war ein echtes Wunder, dass der Krebs wich, obwohl meine Mutter so schwach war, dass die Chemo abgebrochen werden musste. In all der Zeit hatte ich jedoch eine übernatürliche Ruhe und Gewissheit in mir, dass meine Mutter überleben würde. Mein Vater konnte nicht verstehen, dass ich das Sterben meiner Mutter nicht wahrhaben mochte. Und dann war es wirklich so, meine Mutter überlebte!

Selbst für mich als Erwachsene ist meine Mutter eine sehr wichtige Person. Ich rufe sie wöchentlich mehrfach an und sie fiebert mit, wenn ich größere Aufträge habe. Meine Mutter zeigt Interesse an meinem Leben und meiner Arbeit und ich weiß, sie betet für mich um Gelingen. Meine Mutter hat mir viele Kleidungsstücke gekauft und somit unsere Finanzen entlastet. Wenn ich diese Kleidungsstücke anziehe, ziehe ich gleichzeitig Annahme, Liebe und Unterstützung an.

Gott ist in Freude und Leid wie eine Mutter. Ähnlich wie ich leide und mich freue, zusammen mit meinen Kindern und Schülern, ähnlich wie meine Mutter mir zur Seite steht, steht Gott jedem Menschen bei. Man kann weder Gott noch einer Mutter etwas vorgaukeln. Nur Ehrlichkeit und Wahrheit hält diesem Blicken stand. Das ist gut so! Echtheit und Ehrlichkeit währen am längsten.

Lied: I love the Lord / Ich ruf zu dir

I love the Lord for he heard my cry.
I love the Lord for he rescued me.
Because you turned your ear to me
I will call on him all of my life.
I love the Lord.
I love the Lord.

Ich ruf zu dir: „Herr, erhöre mich"
Ich ruf zu dir
Ja, neige du dein Ohr zu mir
und erhöre du mein Rufen, Herr.
Ich liebe dich.
Ich liebe dich.

(c) Hänssler Verlag, Holzgerlingen
T.+M.: Kay Wächter. Übersetzung: Peter Eltermann
Dieses Lied ist auf der CD „Du umgibst mich" zu hören.

Kays Arbeitsplatz war in der Kirchengemeinde. Ich ging nicht täglich in dieses Büro, so wie er, aber ich erledigte viele seiner Aufgaben. Deswegen wurde Kays Arbeit zu einem Projekt von ihm und mir, quasi zu einem „Ehe-Projekt". Das wurde von der Kirchengemeinde nicht erwartet. Ich tat es aus Liebe zu Gott und Menschen. Hierbei stand Kay natürlich, nach Gott, an erster Stelle für mich.

Die Arbeitsmenge wuchs. Wir leiteten nicht nur große Projekte wie Musicals und andere Evangelisationen, sondern auch die Lobpreisteams der Gemeinde, eine Jugendgruppe, den Jugendchor, arbeiteten bei den Pfadfindern mit, leiteten Gebetsgruppen, unterstützten bei der Frauen- sowie, Seniorenarbeit und dem Kindergottesdienst. Die Menschen, mit denen wir arbeiteten, hatten viele Bedürfnisse. Kay fand seine Zeit zunehmend gebunden in Sitzungen und gemeindeinternen Aktivitäten.

Während Kay einen seiner Dienste in der Gemeinde tat, erhielt er plötzlich ein merkwürdiges Wissen: „Dies ist nicht dein Platz." Das schien ihm total unlogisch, da er seine Familie durch eine Arbeit finanziell versorgte, die ein echter Dienst an Gott und Menschen war. Diese Logik bewegte ihn zunächst dazu, sich weiter beschäftigen zu lassen. Doch ab diesem Zeitpunkt empfand er seine Arbeit in dieser Kirche, als würde er sich auf einer Eisscholle befinden, die rückwärts schwamm, trotz all seinem Vorwärtsstürmen. Er fasste deshalb nach einiger Zeit den Entschluss, seinem „Wissen" Folge zu leisten. Kay einigte sich mit den Verantwortlichen, das Arbeitsverhältnis zu beenden. Alles ging sachlich korrekt vor sich und wir bekamen am Schluss des Arbeitsverhältnisses eine Abfindung, die uns eine große finanzielle Hilfe war.

Arbeitslos waren wir nie. Die missionarischen Tätigkeiten gingen uns nicht aus. Einige davon scheiterten lediglich am Geld. Nun hatte Kay wieder freie Zeit, um sich der Musik zu widmen und das war eine Freude für ihn. Gemeinsam gingen wir ehrenamtlich der missionarischen Aufgabe nach, überall dort, wo sich Türen dafür öffneten. Doch meine Selbstständigkeit war erst im Aufbau. Das Arbeitslosengeld war gering und die Preise für Instrumente und die Herstellung von CDs stiegen.

Gott ist an arbeitsreichen und arbeitsarmen Tagen da. Oft schien mich die Arbeitsmenge zu erdrücken und ich hatte Mühe, Zeit für Erholung und Muße zu finden. In Zeiten, in denen die Bezahlung der Arbeit ausblieb, machte ich mir Stress und trieb mich an, noch fleißiger und effektiver zu sein. Fleiß und Effektivität sind gute Tugenden, die mir nützlich sind. Doch mein Antrieb musste immer wieder korrigiert werden. Der Motor meiner Arbeit sollte nicht Angst vor finanziellem Ruin sein, sondern ein Überfluss an Sättigung von Gott.

Die Lieder spielten hierbei eine wesentliche Rolle. Neue Lieder kamen mir immer in den Sinn, so wie sie benötigt wurden - zur Korrektur, zur Ermutigung, zur Stärkung. Neue Ideen, Kreativität, Elan und Arbeitskraft entstanden daraus.

Lied: Du bist die Hoffnung

Du bist die Hoffnung, dort, wo es keine Hoffnung gibt.
Du bist die Hoffnung für mich.
Du bist die Hoffnung, dort, wo es keine Hoffnung gibt.
Ich leg´ mein Vertrauen wieder ganz auf dich.

Ich rief dich Herr, doch du kamst nicht gleich.
Alles ist nun viel zu spät und mein Glaube weicht.
Doch ich weiß, du bist mein Herr, mein Herr und mein Gott.

(c) Kay Wächter, www.heikaymusic.de
T.+M.: Kay Wächter
Zu diesem Lied gibt es leider noch kein Hörbeispiel.

Wir hatten nie viel Geld, denn mein Mann konnte es nicht lassen, Lieder zu schreiben, zu arrangieren und zu produzieren. Welt, sei froh darüber! Es war wie ein Fass ohne Boden, das ständig Unmengen an Geld verschluckte. Trotzdem sehen wir rückblickend, dass keines unserer Projekte rote Zahlen verursachte, ein Wunder. Die Gospel-CDs: „He fills my heart" und „Joy to the World", die Instrumental-CD: „I will worship" und deutsche CDs wie: „Ich atme auf", „Du umgibst mich", „Ich will anbeten 1" und „Ich will anbeten 2" entstanden in dieser Zeit. Auch Musik für Kinder im Alter von neun bis 12 Jahren: „Der König kommt", „Kids sind Vips" und „Vater Martin". Zudem eine CD um Menschen zum Beten zu animieren: „Gebete, die den Himmel erreichen". Unterlegt mit sanfter Entspannungsmusik.

Eine Aufzählung der hergestellten CDs ist schnell gemacht, aber die Arbeit, von der Komposition bis zum fertigen Produkt, ist enorm. Kay schrieb meist alle Melodien und Arrangements, machte Aufnahmen, putzte jede aufgenommene Tonspur, machte Abmischungen und vieles mehr. Ich steuerte meist die Gesangsaufnahmen bei. Eine Arbeit, die ich sehr liebte. Höchstes Glück und tiefste Verzweiflung liegen bei einer Tonaufnahme nahe beieinander. Nur was brillant klingt, kann genutzt werden und der Weg dorthin erfordert Wissen, Können, Konzentration, Lockerheit, Feingefühl für soziale Prozesse in der Gruppe und vieles mehr. Ich erinnere mich zum Beispiel an eine Situation im Studio, als ich traurig war, weil ich mit einem Kommentar eine Person verletzt hatte. Natürlich wollte ich niemandem wehtun, aber es geschah trotzdem. Meine Gesangsspuren aus dieser Situation waren komplett unbrauchbar. Gefühle spielen eine große Rolle beim Klang der Stimme.

Bei Aufnahmen von Gruppen arbeitet man meist von morgens bis abends, lediglich von Pausen zum Pizzaessen unterbrochen. Mit der Zeit glaubt man fast verrückt zu werden, durch die heftige Konzentration. Dann kommt ein Lachkrampf und man albert nur noch herum. Die Arbeit an der Musik schweißt Menschen immer in einer besonderen Weise zusammen. Wenn das Lied gelingt ist es meist gepaart mit einem gemeinsamen emotionalen und geistlichen Erlebnis. Das verbindet! Unsere Mitarbeiter werden Freunde fürs Leben und nicht wenige haben ihren Partner bei einem unserer Projekte gefunden.

Bild 51 - 53: Gospel-CDs. 2008/2010

Warum gerade Gospelmusik produzieren? Heute würde ich es vielleicht englischen Lobpreis nennen. Wir sahen, dass das Evangelium in englischer Sprache und verpackt in fetzige Rhythmen gerne von jedermann gesungen und gehört wurde. Wo die biblische Botschaft sonst komplett abgelehnt wurde, durfte Gospel erklingen. Die Hemmschwelle, sich zu Gospelmusik zu bekennen, war viel niedriger, als zu sonstiger evangelistischer Verkündigung. Man sang und hörte Gospel aus musikalischer Begeisterung und bekam nebenher das Evangelium in Herz und Hirn transportiert. Ich ließ mich schon immer gerne für die Kraft des Evangeliums und für Musik begeistern. Was mich als Leiterin begeisterte, begeisterte auch die Gruppen, die ich leitete und die Gospelmusik bekam echtes Leben eingehaucht.

Doch die kleineren Kirchengemeinden, denen wir dienten, hatten kein Verständnis für den Gebrauch von Fremdsprachen in ihren Versammlungen. Deutscher Lobpreis war gefragt, nicht Lieder mit Verkündigung über Gott, sondern Liebeslieder direkt an Gott als Empfänger. Dieser Trend ist in vielen christlichen Gemeinden noch immer stark vertreten. Ich selbst habe große Freude an dieser Art des Singens. Die Kirchengemeinden suchten oft im

Ausland nach neuen, frischen Liedern für ihre Gottesdienste. Das Herz meines Mannes jedoch quoll hier, in Deutschland, über von neuen Liedern, die musikalisch mindestens so gut waren, wie die, die in den gängigen Liederbüchern und auf CDs zu finden waren. Kays Lieder mussten unters Volk gebracht werden! Diese Lieder passten wie die Faust aufs Auge zu unserer Kultur, da sie als Antwort zu ganz normalen Herausforderungen in Deutschland und in deutscher Sprache entstanden. Wir wollten der Bevölkerung dieses Gut nicht vorenthalten. Wir sorgten dafür, dass jede der CDs ein professionelles Produkt wurde und Spitzenmusiker aus ganz Europa trugen dazu bei.

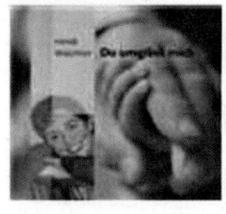

Bild 54 - 58: Einige unserer CDs mit deutscher Lobpreismusik. 2006 - 2011

Unsere Lieder sind eingängig und somit sangen Erwachsene und Kinder sie aus voller Kehle überall, wo wir hinkamen. Doch die großen Kinder, zwischen 10 und 13 Jahren, schienen aus den Kirchen wegzurutschen. Dies wurde uns zu einer großen Not. Erstmals startete ich eine Gebetsinitiative, in der ich Mütter dazu anleitete, für ihre Kinder zu beten. Doch die Mütter waren wie ich. Sie wollten so gerne beten, aber die Gedanken drifteten ab und

172

das Beten fiel eher kurz aus. Bücher darüber, wie wichtig es sei zu beten, halfen mir nur dabei, ein schlechteres Gewissen zu bekommen. Also musste tatkräftige Hilfe her. Ich schrieb ein Gebet mit den vielen Anregungen, die im „Vater unser" zu finden sind und schloss konkrete Gebetsanliegen aus der aktuellen Zeit mit ein, für die ich treu einstehen mochte. Mein Mann machte eine Aufnahme dieses Gebets und unterlegte es mit neukomponierter Entspannungsmusik, ausgestattet mit Pausen für aktuelle Gebetsanliegen. Mit dieser Aufnahme auf den Ohren machte ich täglich Sport und merkte, ich blieb konzentriert im Gebet. Meine Freundinnen testeten unser neues Produkt und die Begeisterung war groß. Endlich funktionierte das Beten! Leider gab es keinen Verlag, der an die Verkäuflichkeit dieses Produktes glaubte, aber ich verteilte Hunderte der Tonspuren. Eine Frau schickte diese CD sogar unserer Bundeskanzlerin, Angela Merkel, und ich bekam eine freundliche Rückmeldung von ihr, dass sie sich freue, dass es Personen in unserm Land gibt, die den Menschen das Beten beibringen.

Bild 59 und 60: Unsere Gebets- und Instrumental-CDs. 2008

Während Kay die Instrumental-Musik zum Beten komponierte, wuchs die Lust, eine eigene Instrumental-CD herzustellen. Gesagt, getan! Während die Musik zum Beten der Entspannungsmusik des New Age ähnlich ist, findet man auf der

Instrumental-CD teilweise bekannte Lieder und die Instrumente ersetzen die Gesangsstimmen. Ich bin überzeugt, dass die Stimmung, die in den Instrumentalstücken zu spüren ist, von Gott kommt.

Gebet und Arbeit gingen immer Hand in Hand und Musik für jüngere und ältere Kinder wurde produziert. Begabte Gesangsschüler bekamen Gelegenheit das Gelernte umzusetzen und dazu Erfahrungen im Tonstudio zu sammeln, wenn sie an unseren CDs mitwirkten. Hörbeispiele ihrer Stimme gaben ihnen zudem die Möglichkeit, Soloparts bei Musikprojekten zu erlangen und in ihrer Kirchengemeinde wie auch anderen Orten vorzusingen.

Bild 61 - 64: Einige der Musikproduktionen für Kids. 2000 - 2012

Zusätzlich zu unseren eigenen CDs erschienen Kays Lieder auf sehr vielen anderen. Gleichzeitig erlebten wir aber immer wieder, wie neue Liederbücher und Sample-CDs veröffentlicht wurden, ohne dass Lieder von uns berücksichtigt wurden.

Jedes Lied ist ein Diamant, der unter großem Druck und in schwierigen Situationen entstand. Die Erkenntnisse schwerer Stunden wurden meist zu Liedern. Die Lieder waren teuer erkauft und produziert mit Fleiß, fachlichem Können, Kraft und Leidenschaft, zudem bezahlt mit dem letzten Geld, das wir auftreiben konnten. Gott baute uns auf und tröstete uns sehr durch die Musik. Nachdem wir getröstet worden waren, trösteten wir viele andere Menschen.

Die Verkündigung durch Tonspuren wurde zu unserer effektivsten missionarischen Arbeit, die immer öfter Menschenmassen erreichte. Größere Verlage verbreiteten die CDs; Radiostationen und Fernsehsender schlossen sich an.

Lied: We will celebrate

We will celebrate the King.
We will celebrate and sing.
Blessed is he who comes in the name of the Lord.

Halleluja, halleluja,
salvation and glory belong to him.

(c) Janz Musikverlag adm. by Gerth Musikverlag, Asslar
T.+M.: Kay Wächter

Sinngemäße Übersetzung: Wir feiern den König. Wir feiern und singen. Gesegnet ist der, der kommt in dem Namen des Herrn.
Halleluja, Errettung und Ehre kommt von Ihm.
Dieses Lied kann man hören auf der CD: Joy to the world.

....*Sängerimpuls 32*

Was hat das mit dem Singen zu tun?

Unterschiedliche Musikstile erfordern unterschiedliches Singen. Zum Beispiel: Bei Kinderliedern wird ein hellerer Klang gewünscht als bei anderen Liedern. Um diesen Klang zu erzielen, muss die Zungenspitze leicht an die unteren Schneidezähne gedrückt werden, die Oberlippe etwas nach vorne gewölbt sein, der Kehldeckel etwas enger gestellt und die Vokale „ä, e und i" vermischt werden.

Jeder Stil hat seine Merkmale. Musicals werden oft sprechender gesungen als ruhige Lobpreis-Balladen. Gospel lebt von der besonderen Rhythmik, harten Konsonanten und lauterer Gestaltung des ersten und dritten Schlags des Takts.

Wohin?

Nachdem das Arbeitsverhältnis mit der Kirchengemeinde beendet war, wollten wir umziehen. Ich arbeitete kaum vor Ort und saß jeden Tag stundenlang im Auto, meist im Stau, um zur Arbeit zu gelangen. Wir suchten intensiv nach einem anderen Wohnort, aber es tat sich nichts Passendes auf.

Lied: Du zeigst mir den Weg

Du zeigst mir den Weg zum Leben.
Aus deiner Hand kommt wahres Glück.
Du willst mir nur Gutes geben.
Mein Hirte, komm, begleite mich.

Sei du Herr in meinem Leben.
Zeige mir was wirklich zählt.
Auf deine Worte will ich hören,
tun, was immer dir gefällt.

In deinem Haus will ich wohnen.
Bei dir will ich willkommen sein.
Die Tür hast du für mich geöffnet.
Du bist mein Vater und mein Freund.

(c) Janz Musikverlag adm. by Gerth Medien Musikverlag, Asslar
T: Alexandra Ziegler, M.: Kay Wächter
Dieses Lied kann man auf der CD „Ich atme auf" hören.

Die Kinder waren im schulpflichtigen Alter und wir hätten sie nur aus der gewohnten Umgebung herausgerissen, sofern ein Umzug für uns alle eine wesentliche Verbesserung dargestellt hätte. In der Gemeinde waren sie zudem sehr gut versorgt, während wir Dienste taten. Es war uns wichtig, dass unsere Kinder ein geistliches Zuhause hatten, weil ihre Eltern, also wir wir eine Art „Vagabundenleben" führten. Nach Norwegen zu gehen war für uns keine Option. Ich wollte die Kinder nicht aus dem inzwischen gewohnten Schulsystem nehmen. Sie waren mittlerweile richtige Deutsche geworden, was Sprache, Kultur und Lebensweise betrifft.

Wenn wir für keine Dienste gebucht waren, gingen wir sonntags in eine andere Gemeinde zum Gottesdienst als unsere Kinder. Diese Gemeinde begeisterte uns sehr und wir kannten dort bereits viele Leute. Zudem hatten wir hier schon oft ausgeholfen, wenn im musikalischen Bereich „Not am Mann" war. Nach einem Jahr wurden wir eingebunden in ein festes Musikteam und durften ehrenamtlich dienen. Ich hatte große Freude daran. Das Schönste war, dass in dieser Gemeinde jeden Sonntag Menschen sichtbar zum Glauben kamen. Etwa 30 Menschen zeigten wöchentlich öffentlich, dass sie Jesus zum Herrn über ihr Leben machen wollten. In unserer ehemaligen Gemeinde geschah das nicht oft und die Missionsfreunde in Norwegen machten uns vermehrt deutlich, dass sie Resultate unserer Arbeit sehen wollten. Diese Resultate sollten messbar sein. Nun konnten wir ihnen endlich mitteilen, dass wir in einer Gemeinde mitarbeiteten, in der jeden Sonntag nachweislich Menschen zum Glauben an Jesus Christus kamen, geheilt und befreit wurden von destruktiven Einflüssen, wie zum Beispiel einem schlechten Selbstbild, zwanghaften Handlungen und Süchten. Meine Freude, in einer solchen Gemeinde dienen zu dürfen, war enorm groß und wertvoller als jedes Gehalt.

Lied: Wie ein Drachen im Wind

Manches lässt sich nicht erklären.
Manches kann ich nicht versteh´n.
Bin ich noch richtig?
Wo führt der Weg mich hin?

Wie ein Drachen im Wind lass ich meine Ängste kreisen.
Meine Zweifel steigen höher und höher,
nah, ganz nah, bis an dein Herz, bis das Seil zerreißt.
Der Wind deines Geistes den Sorgendrachen treibt
und was mir bleibt ist nur die Schnur in meiner Hand.

Herr, du siehst, nichts geht voran.
Herr, ich spür nur Widerstand.
Ich stell mich in den Wind, den Drachen in der Hand.

Unerreichbar fern sind meine Sorgen.
Nun sind sie dort, wo sie hingehör´n:
In deiner Hand!

In Norwegen haben wir nie um Geld gebeten oder Werbung für unsere Arbeit gemacht. So erschien es uns jedes Mal wie ein Wunder, wenn eine Gemeinde oder Privatpersonen in unsere Arbeit investieren wollten. Glücklicherweise wuchs die Anzahl der Unterstützergemeinden in Norwegen um zwei weitere und auch die Geldsumme, die an uns gespendet wurde, wuchs von 3.000 € auf etwa 7.000 € im Jahr. Das Missionsgeld aus Norwegen war uns eine große Hilfe. Gleichzeitig war das Geld mit der Erwartung verbunden, dass wir bei jedem Besuch in Norwegen Gemeinden besuchen sollten. Die Tage, die wir zur Erholung sehr nötig gehabt hätten, mussten also zum Arbeiten genutzt werden – trotz Urlaub. Mit dem Geld kam auch die Auflage, hochmodernes

Informationsmaterial für die norwegischen Gemeinden herzustellen. Wir mussten teure Geräte und Programme für unsere Computer kaufen, um ansprechende Informationsbriefe und -filme herstellen zu können. Wir brauchten außerdem viel Zeit, die neuen Geräte und Programme kennenzulernen und bedienen zu können.

Lied: Show us your power

Show us your power, oh Lord!
Show your strength as you have done before.
Show us your power, oh Lord!
Your´re the one who sits on the throne.

We do not know what to do,
but our eyes are still on you
Please come and help us from heaven above.
Please show your strength once more.

You are our healer in times of need.
You give us strength when we feel weak.

You are the holy one.
Besides you there is none.
You see our ev´ry need
therefore hear our plead.

(c) Kay Wächter, www.heikaymusic.de
T.+M.: Kay Wächter

Obwohl die Geldspenden aus Norwegen im Verhältnis zu unseren Ausgaben sehr gering waren, halfen sie uns dennoch, technisch auf dem neuesten Stand zu bleiben und uns immer wieder der technischen Entwicklung anpassen zu können. Dafür bin ich dankbar.

Die Tatsache, dass wir in den finanziellen Krisen nicht Bankrott gingen, ist ein Wunder. Rechts und links sahen wir tüchtige Handwerker und Geschäftsleute zu Grunde gehen, während wir, verträumte Künstlerseelen, tätsächlich überlebten! Alle Musikproduktionen ergaben geringere Verkaufszahlen als wir uns erhofften und trotzdem gingen unsere Konten nie ins Minus. Einmal dachten wir, Gott hätte uns im Stich gelassen. Aber dann sahen wir, dass jemand zeitgleich mit dem Soll auf einem unserer Konten, Geld auf ein anderes überwiesen hatten. „Wenn man so viele Lieder geschrieben hat, müsste man doch reich sein." Bei uns ist es bisher nicht so. Alle an Herstellung und Vertrieb Beteiligten bekommen ihren Teil vom Gewinn und der Verbraucher möchte am liebsten nichts für die Musik bezahlen.

Wir verbreiteten unsere Lieder nicht vorrangig, um Geld zu verdienen, sondern um Gott einen Weg zu öffnen. Gott ist unser Versorger. Aber bitte unterlasse Diebstahl. Melde der Gema / CCLI jedes Mal, wenn du unsere Lieder nutzt. Bezahle die gesetzlich festgelegten Gebühren. Kaufe Noten, CDs und mp3s auf legale Weise! Man soll nichts besitzen, was man nicht bezahlt hat, es sei denn, es handelt sich ausdrücklich um ein Geschenk.

Lied: Wait for the Lord

Wait for the Lord.
Be strong and take heart.
Find rest my soul in God alone.
Wait for the Lord.
Wait for the Lord.

He alone is my rock.
He is my salvation.
He is my fortress.
I will not be shaken.
I put my trust in God alone.
I put my trust in Him.

He is my hearts desire.

How I long to see him.
He is my hearts desire.
How I long to feel him.
My only aim is God alone.
I put my trust in him.

Selbstständigkeit, die Zweite

Wir fanden keinen Arbeitsplatz, der zu Kay passte. Wir hatten keine andere Wahl, als auch für ihn eine selbstständige Tätigkeit anzustreben, obwohl er lieber ein treuer und fleißiger Arbeitnehmer wäre. Organisation, Wettbewerb und „sich verkaufen", was so wichtig für alle Selbstständigen ist, war und ist für uns beide eine Herausforderung. Zurückzugehen in seinen erlernten Beruf als Industriemechaniker wäre, wegen der langen Pause von dieser Tätigkeit, nicht ohne eine Zusatzausbildung möglich. Außerdem wollte er doch so gerne für Gott Musik machen. Gleichzeitig waren die Kinder und ich da, die nicht nur einen ausgeglichenen, kreativen und liebenden Ehemann und Papa benötigten, sondern auch finanzielle Versorgung von ihm erwarteten. Es war ein Wagnis, in die Selbstständigkeit zu gehen, und es kostete Kraft und Mut. Aber wir waren uns einig: Wir versuchen es.

Nach einem Jahr der Vorbereitung wagten wir den Sprung. Nach wie vor sind wir mit dem Aufbau dieser selbstständigen Tätigkeit beschäftigt. Heute verdienen Kay und ich als Künstler durch Produktionsarbeit und Unterricht unseren Lebensunterhalt. Segen hat zu tun mit „Gutes aussprechen". Wenn du gut über mich sprichst, macht sich das durch höhere Verkaufszahlen und neue Aufträge bemerkbar.

Immer noch möchten Menschen, dass wir ihnen unsere Dienste kostenlos anbieten. Das tun wir auch. Aber wir versuchen, die ehrenamtlichen Dienste auf 10 Prozent unserer Arbeitskraft zu begrenzen. Und eines Tages wird uns dies auch gelingen.

Riesige Chöre

Einer meiner ehrenamtlichen Dienste war es, zwei Chöre bei einem großen Gesangstag im Olympiastadion (90.000 Sitzplätze) in Berlin zu leiten. Das umfasste Besprechungen in Berlin, Stuttgart und Kempten, Auswahl von Bewerbern / Sängern, Chorproben, Telefonkonferenzen, Übernachtungen in Berlin mit der kompletten Familie, Reisen, Arbeitsmaterial herstellen, einheitliche Kleidung und vieles mehr. Mit anderen Worten: Tausende von Arbeitsstunden und Euros wurden dafür benötigt. Im Nachhinein kann ich sagen, dass ich mit weltweit bekannten Musikern gearbeitet habe und das Singen im Olympiastadion wirklich einzigartig war! 400 Sänger sangen in dem einen Chor, 30 junge Lobpreisleiter formten den zweiten. Es war wunderschön für mich, sie alle leiten zu dürfen.

Bild 65 - 68: Chorleitung bei Calling all Nations, Olympiastadion Berlin, 2006

Als ein weltbekannter Heilungsprediger eine Konferenz in der Stuttgarter Schleyerhalle (12.000 Sitzplätze) abhielt, durfte ich den „Massenchor" leiten. Im Vorfeld gab es Meinungsverschiedenheiten mit den Veranstaltern und ich hatte Angst, viele nette Menschen in etwas hineinzuführen, das vielleicht nicht gut war. Schließlich standen 400 Sänger unter meiner Leitung. Wir erleben oft, dass Menschen plötzlich während des Übens den Inhalt der Worte entdecken und zutiefst von Gott ergriffen werden. Ich entschied deshalb und wegen der guten Botschaft der Lieder, diese Arbeit trotz meiner Bedenken fortzuführen. Gut so, denn diese Chorproben waren, geistlich gesehen, die stärksten, die ich je erlebt habe.

Wir boten immer wieder Wochenendworkshops an. Hier lernten Sänger an einem Wochenende 10 bis 15 neue, meist dreistimmige Lieder und anschließend wurde ein Konzert abgehalten. Manchmal waren es Lieder für Kinder, manchmal für Jugendliche, manchmal reine Gospelworkshops in englischer Sprache und manchmal übten wir neue Gemeindelieder mit Lobpreisteams, Chören oder kompletten Gemeinden ein. Gospel Celebration Choir ist ein gemeinsamer Name für alle Menschen, die unter unserer Leitung gesungen haben. Dieser Chor besteht nun aus Tausenden von Stimmen aus vielen Ländern.

Große Chöre zu leiten war immer mein Traumjob. 100 Sänger oder mehr waren kein Problem! Dieses Geschenk wurde mir bereits zwei Mal gemacht. Aber ich glaube, dass ich es noch einmal erleben werde.

Lied: Heb´ das Siegesbanner

Heb´ das Siegesbanner.
Mach dein Herz bereit.
Was dich beschäftigt hat, lass nun ruh´n.

Heb´ das Siegesbanner.
Mach dein Herz bereit.

Schließ dich an,
wir zieh´n vor Gottes Thron.

Wir wollen ihn erheben, erleben in seiner Macht.
Wir wollen ihn erheben, erleben in seiner Herrlichkeit.

Seit fast einem Jahrzehnt darf ich bei der Ausbildung werdender
Chorleiter der evangelischen Kirche bei deren
Stimmbildungsschulung unterstützen. Dort wurden meine „witzig-
verrückten" Stimmbildungsideen mit Freude angenommen. Ich
mache reines Gesangsmuskeltraining mit den Chören und
verbinde Theorie und Praxis mit interaktiven Übungen. Ich habe
selbst viel Spaß daran. Hunderte von Chören, Gemeinden und
Sängern singen nun unsere Lieder im „witzig-verrücken" Stil.

....Sängerimpuls 33
Was hat das mit dem Singen zu tun?

*Wenn man in einem großen Chor singt, kann es sein, dass man
nicht hört wie man selbst singt. Wenn man ein Ohr mit einem
Ohrstöpsel verschließt kann man den Klang, der sich innen im
Körper befindet, besser hören. Was aus dem Mund kommt kann
man außerdem verstärken, indem man den Ton mit der Hand
zum Ohr führt oder wenn man die Ohren mit der Hand etwas
nach vorne holt.*

*Als Chorleiterin muss ich dir leider sagen, dass man den Sängern
nicht immer helfen kann. Einige Instrumente können einfach nicht
leise spielen. Nicht jede Bühne ist so ausgestattet, dass die
Sänger sich hören können. Selbst die Techniker können selten
mehr Wunder bewirken als die technischen Einrichtungen, die sie
bedienen, hergeben. Es ist nicht ungewöhnlich, dass man singt
ohne sich zu hören. Deinen Genuss hattest du deshalb bei der*

Probe. Im Konzert haben die Menschen im Saal Vorrang und du bist ausschließlich ein Diener, dessen Wohlbefinden zweitrangig ist. Leicht lässt man sich in einer solchen Situation entmutigen und denkt, der ganze Einsatz bei der Probe wäre umsonst gewesen. Bitte, hüte dein Herz indem du ermutigende Selbstgespräche führst und dich entscheidest zu geben, was du in dieser Situation geben kannst. Sei SchauspielerIn. Tue so, als ob alles in Ordnung wäre. Meist wird man positiv überrascht, wie schön das Konzert wird.

Gottesdienste, Konzerte und mehr

Wir taten und produzierten so ziemlich alles, was die Leute bezahlen wollten. Wir durften unter anderem einen Esslinger Chor leiten. Dieser Chor sang ein vielseitiges Repertoire, hatte eine komplette Band, gute Solisten und zwei Kabarettistinnen, die mit Witz und Ernst unterwegs waren. Daraus wurde ein buntes Konzert- und Theaterprogramm. Drei schöne Jahre lang machten wir das.

Zu meiner großen Freude durfte ich zudem predigen. Ich liebe das! Ich durfte zu den unterschiedlichsten Anlässen die unterschiedlichsten Programme zusammenstellen, proben und durchführen. Wir sangen und spielten für hohe Politiker, für Heimatlose auf der Straße (das haben wir natürlich selbst bezahlt), für reiche Kunden in edlen Kaufhäusern und auf Märkten. In Zirkuszelten, in Gotteshäusern, in Konzertsälen, in Tonstudios und unter freiem Himmel.

Inzwischen haben wir unsere Töne in etwa hundert verschiedenen Ländern der Welt erklingen lassen. Wir konnten diese nicht alle persönlich besuchen, aber im Internet verzeichnen wir Abrufe unserer Lieder in all diesen Ländern. Wir produzieren Musikvideos, die wir ins Internet stellen. Das ist zeitaufwändig, da wir in diesem Bereich keine Fachleute sind. Dies ist eine Art für Menschen zu singen und zu spielen, die wir nicht persönlich besuchen können oder die keine CDs von uns haben. „Möge die Verbreitung immer größer werden", drängt es in mir und ich suche nach weiteren Möglichkeiten, das Evangelium und Kays Lieder zu verbreiten.

Lied: Praise God in the highest

Praise God in the highest.
Praise God and give him glory.
Praise God in the highest.
Come and sing with me.
Jesus Christ is Lord.

Jesus Christ brings salvation.
Jesus Christ sets us free from sin.
That's the reason we praise him.
That's the reason we sing.

Jesus Christ brings us freedom.
Jesus Christ makes us full of joy.
When we make him our savior.
When we make him our Lord.

Jesus Christ is the savior.
He is the savior of all the world.
King of kings: He is worthy.
All the earth gives him praise!

Preist Gott in der Höhe.
Preiset seinen heiligen Namen.
Preist Gott in der Höhe.
Kommt, und preist mit mir Jesus, den Herrn.

Jesus Christus ist König.
Er ist gekleidet mit Majestät.

Er alleine ist würdig.
Er allein ist der Herr.

Jesus bringt uns den Frieden
und er erfüllt uns mit seinem Geist.
Er alleine ist heilig.
Er allein ist der Herr.

Jesus Christus ist Sieger.
Er ist gekrönt mit Herrlichkeit.
Er alleine ist mächtig.
Er allein ist der Herr.

(c) Janz Musikverlag adm. by Gerth Medien Musikverlag, Asslar
T. + M.: Kay Wächter

Neues wagen

In allen Lebensphasen, die ich in diesem Buch beschrieben habe, durfte ich Neues hinzulernen, mir unbekanntes Land betreten und meinen Horizont erweitern.

In der Phase, in der ich mich jetzt befinde, zwischen 42 und 49 Jahren, sind Kay und ich über 20 Jahre verheiratet und man kann sagen, wir sind in die Lebensphase der reifen Liebe eingetreten. Unsere Kinder sind erwachsen. Sie sind gute Bürger geworden, die ein Segen für ihre Umgebung sind. Dafür bin ich unendlich dankbar. Ich habe die Ziele erreicht, die ich mir als junger Mensch steckte. Aber schon lange bevor ich sie erreichte, hatte ich neue Träume. Nein, ich träume nicht nur, sondern gehe stets konkrete Schritte, in Richtung der nächsten Aufgabe. Der biblische Prophet Joel sagt, dass alte Menschen Träume haben und junge Menschen Visionen. So gesehen bin ich total jung. Nur wer nichts Neues wagt ist alt. Neue Ideen und Projekte gehen mir nicht aus und immer wieder befinde ich mich in Situationen, in denen ich keine Ahnung habe, wie man sie lebt und löst.

Bild 70: In der Lebensmitte angekommen. 2010

Wir leben noch immer dafür, mittels unserer Musikproduktionen PR für Gott zu machen. Rückblickend sehen wir, dass es uns gelungen ist. Die Anzahl der CDs, an denen mein Mann und ich mitwirkten, liegt jetzt bei über 70 verschiedenen. Sie werden hauptsächlich durch Verlage verbreitet, zudem verkaufen wir einen Teil direkt nach unseren Veranstaltungen.

„Schenkt uns doch bitte ein paar eurer CDs. Ihr habt doch so viele", sagen die Leute oft, wenn ich am CD-Tisch stehe. Wenn wir jemandem eine CD schenken, ist es ein sehr viel teureres Geschenk, als für jemanden, der die CD im Laden kauft und dann verschenkt. Wir haben so viel für die Herstellung bezahlt, dass unser Endpreis viel höher liegt als der, der im Laden verlangt wird. Aber ich verschenke trotzdem sehr viele CDs und ermutige jeden, dasselbe zu tun. Eine CD als Mitbringsel oder Geburtstagsgeschenk ist doch viel wertvoller als Blumen, die nach einer Woche verwelkt sind. Lieder welken nicht. Sie tönen ein Leben lang im Herzen.

Wie die Lieder auf den CDs arrangiert und ausgeführt werden, entscheiden wir nur zum Teil selbst. Ebenso, welche Instrumentalisten und Sänger mitmachen. Der finanzielle Rahmen spielt eine wesentliche Rolle und unsere Mitarbeiter entscheiden von Zeit zu Zeit Dinge, die wir selbst anders gemacht hätten. Gleichzeitig ist die Zusammenarbeit ein großer Segen für uns, den wir nicht missen wollen.

Haussuche

Sieben lange Jahre waren wir intensiv auf Haussuche. Wir schauten viele Häuser, Wohnungen, Internetseiten und Zeitungen an, ohne Erfolg. Das Dach über unseren Räumen war undicht geworden und Regenwasser drang in die Wohnung. Es bildete sich Schimmel und alle, außer Kay, erkrankten an den Atemwegen. Es war schwer, mit einem kranken Körper die Arbeit zu leisten, die wir leisten mussten, um als Selbstständige über die Runden kommen zu können.

Hinzu kam, dass unsere Nachbarin uns täglich plagte und meinte wir wären zu laut. Sie klopfte häufig an die Wand, klingelte sogar mitten in der Nacht, als alle schliefen und bat uns, ruhig zu sein. Wenn einer unserer vielen Nachbarn laut Musik hörte, waren grundsätzlich wir schuld daran und wenn Kinder im Hof Fußball spielten, meinte sie, dass unsere Kinder in der Wohnung Fußball spielen würden, was sie jedoch nie taten. Diese Frau verbreitete eine unheimliche Stimmung. Sie zog ein Jahr vor uns aus und die neuen Nachbarn konnten nicht verstehen, dass jemand denken könnte wir wären laut, denn sie konnten uns überhaupt nicht hören. An dieser Stelle muss ich hinzufügen, dass Kay in unserem kleinen Heimstudio immer auf Zimmerlautstärke oder mit Kopfhörern arbeitete.

Um ein Haar hätten wir ein älteres Kirchengebäude in größerer Entfernung gekauft. Das Risiko dabei war jedoch, dass wir einen komplett neuen Kundenstamm hätten aufbauen müssen.

Am letzten Unterrichtstag im Mai erfuhr ich von einer Schülerin, dass es ein Haus gäbe, das wir möglicherweise mieten könnten. Ich nutzte meine Pause, um den Vermieter zu kontaktieren. Am selben Abend durften wir das Haus besichtigen und Kay und ich waren uns einig. Das nehmen wir. Sofort sandten wir den Vermietern per Email unsere Zusage und baten um Bestätigung, dass auch sie uns als Mieter nehmen würden. Eile war geboten, damit wir fristgerecht unsere Wohnung kündigen konnten, um im September, vor Schulbeginn, den Wohnungswechsel durchführen zu können. Innerhalb von Stunden war die Bestätigung da und wir kündigten unsere derzeitige Wohnung fristgerecht.

Bild 71: Wir mieteten dieses Einfamilienhaus. 2010

Einer unserer Söhne hatte gerade die Realschule abgeschlossen und eine Zusage von einem Gymnasium, ausgerechnet an unserem neuen Wohnort, bekommen. Ein anderer unserer Söhne war derzeit in einer Phase auf dem Gymnasium, in der die Klassen wegen der verschiedenen Wahlfächer neu eingeteilt wurden. Der Schulwechsel passte also perfekt. Nur unser ältester Sohn steckte mitten in seiner Ausbildung zum Maschinenmechaniker und konnte nicht mit uns kommen. Er hatte jedoch große Lust in einer Wohngemeinschaft nahe seinem Ausbildungsplatz zu wohnen und freute sich darauf.

Kay arbeitete Tag und Nacht in unserem Heimstudio. Kurz vor dem Umzug gestalteten wir eine Kinderferienwoche. Dort studierten wir mit den Kindern ein Musical ein. Ich erledigte die Büroarbeiten, nahm alle Reisetermine wahr, unterrichtete, machte den Haushalt, packte für den Umzug, putzte und brachte den Garten auf Vordermann. Das Putzen war wegen des Schimmels eine große Aufgabe. Es endete damit, dass wir die Wohnung komplett renovieren mussten, um den Anforderungen unseres Vermieters zu genügen. Außerdem mussten die Zimmerwände des neuen Hauses gestrichen werden.

Der Tag des Umzugs kam und Kay wurde krank. Kay war in unserem gesamten Eheleben nie krank. Er passt immer gut auf sich auf und das trägt Früchte. Aber beim Umzug hatte er Fieber und musste im Bett liegen. Mein Bruder kam aus Norwegen, um uns zu helfen. Aber auch er wurde krank. Männer, die krank sind, sind ein Jammer! Einer unserer Söhne war kurz zuvor in Norwegen und amputierte sich eigenhändig (eigenfüßig) durch barfüßiges Klettern am Felsen einen Zeh. Somit hüpfte er an Krücken und musste jeden zweiten Tag ins Krankenhaus gefahren werden. Ein anderer unserer Söhne brach sich dann auch noch den Arm.

Es war der 18. Umzug in meinem Leben. Die Arbeit und die Umstellung scheinen mich jedes Mal mehr Kraft zu kosten. Zudem kostet ein Umzug Geld. Möbel und Vorhänge passen selten ins neue Haus und die Renovierungsarbeiten sind trotz Eigenleistung teuer. Unser ehemaliger Vermieter wollte uns die Kaution nicht zurückgeben und die Telefongesellschaft wollte uns nicht aus dem Vertrag entlassen. Ein ganzes Jahr nach unserer Kündigung bekamen wir die Kaution zurück. Wir hatten wieder einen finanziellen Engpass überlebt.

....Sängerimpuls 34
Was hat das mit dem Singen zu tun?

Es ist nicht leicht sich musikalisch zu entfalten, wenn alle Wände Ohren haben und die Nachbarn über Lärmbelästigung klagen. Man fühlt sich deutlich freier, wenn man beim Musizieren niemandem zur Last fällt. ABER: Es ist ein Menschenrecht, singen zu dürfen. Wenn man die Ruhezeiten in Mietshäusern einhält, hat man beim Musizieren keine Gesetze gebrochen. Sollten gewisse Instrumente im Mietshaus verboten sein, steht das im Mietvertrag. Bestehe auf dein Recht zu singen, ohne dass du bewusst andere Leute ärgerst. Meist ist es so, dass sich die Menschen freuen, wenn sie Gesang hören. Gesang verbreitet gute Laune und gute Worte. Häufig schüchtert sich der Sänger selbst ein.

Man kann auch im Wald, im Keller, im Badezimmer, in der Kirche, in einem Proberaum oder sonst wo singen.

Gospel - here, there, everywhere

Kays Musik, die er nach eigenem Geschmack gestaltete, fand beim Publikum größeren Anklang als alles, was er bisher „auf Bestellung" für andere produziert hatte. Seine Lieder wurden bekannter und öfter gespielt. Gleichzeitig leiteten wir zwei Chöre, die Kays Lieder durch Konzerte bekannt machten. Aufgrund des Umzugs mussten wir damit leider aufhören. Nun standen wir ohne Chor da.

Unmittelbar darauf bekamen wir aber den allerbesten Chor-Auftrag aller Zeiten. Wir durften eine Stunde lang zur besten Tageszeit die Hauptbühne beim Gospel-Kirchentag in Karlsruhe nutzen. Das musste natürlich gut werden und wir luden unsere Musikerfreude ein, uns hierbei zu helfen. Aber gerade jetzt streikte unser Drucker und wir benötigten einen neuen. Ausgerechnet zu diesem Zeitpunkt hatte ein Mann in Norwegen die gute Idee uns Geld zu schenken. Mit Hilfe des neuen Druckers organisierten wir einen Wochenend-Workshop. Die Spannung war groß: Würden die Sänger, die sich für diesen Workshop anmeldeten, gut genug für Einzelmikrofone auf der Hauptbühne des Gospel-Kirchentags sein? Wir wagten es, übten so gut wir konnten mit den Teilnehmern des Workshops und präsentierten auf der großen Bühne in Karlsruhe das Ergebnis dieses Wochenendes. Und - JA! Es wurde ein einzigartiges, unvergessliches Erlebnis!

Bild 72 und 73: Gospelkirchentag. 2010

Kurz danach durften wir in der Markthalle in Reutlingen eine große Aufführung starten. Wir sollten eine Podiumsdiskussion mit wichtigen Personen aus Politik und Wirtschaft mit der „Guten Nachricht" musikalisch umrahmen. Das Fernsehen war anwesend und filmte die Veranstaltung. Auch hier führten wir einen Wochenend-Workshop durch und sangen und spielten mit den Menschen, die sich angemeldet hatten. Es wurde sehr gut - trotz vieler Spannungsmomente.

Bild 74: Gospel bei einer Talkshow. 2010

Jedes Jahr zu Weihnachten durften wir große Gospel-Workshops für die Bevölkerung in der Umgebung veranstalten. Das Stadt-Marketing und der Weihnachtsmarkt wollten uns buchen und mit viel Geld durften wir sehr gute Programme auf die Beine stellen mit professionellen Musikern, Solisten und einer Band. In einem Jahr hatten wir sogar ein Symphonie-Orchester dabei. Das Fernsehen kam und filmte. Somit konnten wir auf hohem Niveau arbeiten und vielen Menschen das Evangelium näherbringen.

195

Lied: Höre mein Gebet

Höre mein Gebet.
Erhöre mich in deiner Gnade.
Höre mich.
Komm und steh mir bei.
Höre mein Gebet.

Ich strecke meine Hände aus zu dir, dem Höchsten.
Mich verlangt nach dir.
Ich will mehr von dir.

Hear my cry, o Lord.
Listen to my cry for mercy.
Answer me.
Come to my relief.
Hear my cry, o Lord.

I spread my hands out to you.
My soul longs for you like a thirsty land,
like a thirsty land.

(c) Hänssler Verlag, Holzgerlingen
T.+M.: Kay Wächter, Ü: Peter Eltermann
Dieses Lied kann man auf der CD „Du umgibst mich" hören.

Ich hatte große Freude an der Arbeit und funktionierte wie eine effektive „Evangeliums-Verbreitungs-Maschine". Doch ich wollte mehr. Ich wollte das Leben als Gottes entspannte, geliebte Tochter genießen. Ich will immerhin, so Gott will, noch viele Jahre bei bester Gesundheit leben. Dazu musste ich mir Zeit für mich selbst nehmen, ging meine gesundheitlichen Probleme an und bekam Behandlungen an einigen dieser gesundheitlichen „Baustellen". Zum Beispiel die Tatsache, dass meine Organe seit der Geburt meines ersten Sohnes am falschen Platz waren, hatte mir über Jahre täglich Schmerzen bereitet. Bei den jährlichen Kontrollen hatte ich jedes Mal die Ärzte darauf aufmerksam gemacht, dass ich unnormale Schmerzen im Bauch hatte und dass da etwas nicht in Ordnung sei. Sie fanden nichts und erklärten mich für verrückt. Im neuen Wohnort kam ich endlich zu einer Ärztin, die mich ernst nahm und tatsächlich die Ursache für meine Schmerzen fand. Mein ganzer Leidensweg wurde plötzlich logisch. Ich wurde mit Hüftdysplasie geboren. Die traumatische Geburt unseres ersten Kindes riss wegen der von der Hüftdysplasie ausgelösten Schwäche sämtliche Organe in meinem Bauch von ihrem richtigen Platz. Somit war die Beckenlösung in den zwei folgenden Schwangerschaften samt Dasein im Rollstuhl vorprogrammiert. Eine „Totalrenovierung" meines Bauches wurde nötig. Diese riesige Operation brachte eine lange Heilungszeit mit sich und das war gut so.

Meine Ärztin begleitete mich auf wunderbare Weise durch diese Zeit. Sie erkannte den Ernst der Lage viel deutlicher als ich es selbst tat. Die Krankenkasse warf mir jedoch Hypochondrie vor und hielt mich beschäftigt. Sie wollte nichts von dem, was sie mir beim Kauf der Versicherung versprochen hatten, bezahlen. Unsere Korrespondenz wurde zu einem dicken Papierstapel und es war mir unangenehm, dass mir nicht geglaubt wurde. Man muss zum Schutz der Krankenkasse sagen, dass eine Fachärztin meinen Bericht mit einem anderen Bericht verwechselt hatte und somit sah es aus, als würde ich lügen. Mein Fall endete vor dem höchsten Gericht und ich gewann in allen Bereichen.

Lied: Jesus, du bist so gut

Jesus, du bist so gut.
Jesus, du machst mir Mut.
Ich will dich erheben,
immer für dich leben.
Jesus, du bist so gut.

Ich freue mich, denn du hast mich geheilt.
Von meiner Schuld hast du mich befreit.
Du hast so viel an mir getan.
Ich preise dich ein Leben lang.

Fahrradtour

Endlich gesund, eröffneten sich neue Möglichkeiten in Sachen
„Sport". Einer meiner Söhne hatte schon seit Jahren den Traum,
von Deutschland nach Norwegen zu radeln. Der Kumpel, mit dem
er radeln wollte, bekam Knieprobleme, deshalb suchte mein
Sohn Ersatz: Die Mama! Ich radle gerne und habe viele kleinere
Touren gemacht. Aber wochenlang, zusammen mit meinem
Sohn, der eine absolute Sportskanone ist, zu radeln, war eine
echte Herausforderung. Er trainierte mich zwei Monate und
danach ging es los, auf eine für mich ganz neue Art von Mission.
Bepackt mit Schlafsack, Mückennetz, Zeltplane, ein paar
Kleidungsstücken und Nahrung, wagte ich Neues. Es war so
spannend! Wir radelten täglich knappe 100 km und
übernachteten unter Büschen, in Bushaltestellenhäuschen, auf
Campingplätzen, in Wanderheimen und bei Unwetter im Hotel.
Wir ernährten uns vom leckeren Gebäck der lokalen Bäcker und
machten uns einen Sport daraus, wer mit am wenigsten Geld
auskommen würde. Knappe 250 € für drei Wochen Traumurlaub
auf dem Rad. Gut, nicht wahr? Wir fuhren an Flüssen entlang:
Donau, Altmühl, Main, Saale, Elbe, Nordseeweg und dann mit
dem Schiff über die Nordsee. Jeden Tag sprachen die Leute ein
wenig anders und die Variationen des Gebäcks der örtlichen
Bäcker waren deutlich. Auch das Wetter hielt eine große
Bandbreite bereit, von Hitze bis kaltem Dauerregen. Ich gebe zu,
dass ich geschummelt habe und „nur" 1.658 der 2.100 Kilometer
geradelt bin. Aber ans Ziel kamen wir! Glücksgefühl pur.

Bild 76: Das Ziel erreichen ist wichtig! 2013

...Sängerimpuls 35

Was hat das mit dem Singen zu tun?

Neues wagen, neue Lieder lernen, neue Impulse aufnehmen, neue Musikstile ausprobieren, gibt neuen Pep und weckt neue Freude am Singen. Gönne dir von Zeit zu Zeit neues Arbeitsmaterial, ein Konzert, einen Lehrgang, einen Workshop, einen Wechsel des Gesangslehrers, eine neue CD. Neues wagen belebt!

Nach jeder Erkältung oder sonstiger Krankheitsphase fange ich an, mein Leben neu mit klaren Zielen, guten Vorsätzen und Prioritäten zu strukturieren. Ich lebe nach jeder Pause bewusster. Es gibt immer reichlich Altes, das ich verwerfe und ebenso Neues, das ich dazulernen muss. Jedes Jahr schreibe ich meinen Masterplan und überprüfe viermal jährlich, ob der geplante Weg tatsächlich stimmig ist für mich. Meinen Terminkalender fülle ich so, wie es meinem Plan entspricht. Ich glaube, dass Gott mir Seinen Plan schon in der jeweiligen Planungsphase offenbart und trotzdem bin ich offen für Überraschungen und Änderungen. Oft hatte ich meine Erwartungen zu hoch geschraubt und wurde enttäuscht. Ich glaubte so sehr an Gottes Eingreifen, dass ich es in meine Kalkulationen einplante. Es hat sich gelohnt so zu leben, denn so erlebte ich viele Wunder. Aber Gott bleibt Gott und lässt sich nicht von meinen Auffassungen und Kalkulationen bestimmen. Durch Gebet findet durchaus eine Art „Zusammenarbeit" statt, aber Gott bleibt der Chef. Für mich ist es eine Gratwanderung, mit dem Übernatürlichen zu rechnen und gleichzeitig so zu leben, dass ich die Enttäuschung verkraften kann, wenn das, was ich hoffe, nicht eintritt.

Ich glaube, Gott hat einen Plan für mein Leben. Alle Stationen meines Lebens trugen dazu bei, dass ich heute dort bin, wo ich bin, dass ich die bin, die ich bin, dass ich heute das tue, sage und denke, was ich tatsächlich tue, sage und denke. Ich gefalle Gott so, wie ich gerade heute bin. Er hat mich immer als wunderbar angesehen, auch als ich auf anderen Entwicklungsstufen stand und Er freut sich auf meine nächste Entwicklungsstufe. Ich bin selbst neugierig darauf und voller freudiger Erwartung. Ich werde die Ziele erreichen, die mit Gottes Plan übereinstimmen.

Niemand wünscht sich unangenehme Dinge für die Zukunft. Gleichzeitig lassen sie sich, so lange wir uns auf dieser Seite der Ewigkeit befinden, nicht komplett vermeiden. Wir sind noch nicht im Himmel, aber wir erleben auf Erden bereits viel Himmlisches.

Verpasse den Himmel, das absolute Ziel des Lebens, nicht, denn ich möchte so gerne dort mit dir zusammen sein.

....Sängerimpuls 36

Was hat das mit dem Singen zu tun?

Das Leben schwingt in der Stimme mit. Selbstverständlich ist es aufschlussreich, sich mit Gesangstechnik zu beschäftigen. Selbstverständlich singst du besser, wenn du deine Gesangsmuskeln trainierst. Trotzdem kann man das Singen nicht auf reine Gesangstechnik beschränken. Alle psychologischen und geistlichen Entwicklungen im Leben schwingen in der Stimme mit und das ist gut so. Heute kannst du, was du heute kannst. Was du morgen sein sollst, ist erst morgen gefragt. Aber um dorthin zu kommen wo du morgen sein willst, ist manchmal zunächst ein Aufräumen mit der Vergangenheit nötig. Festlegungen und automatisierte Reaktionen müssen nicht das komplette Leben steuern, sondern können durch ein „Aufräumen" neu angelegt werden. Das Leben ist ständig im Wandel und somit ist die Suche nach der Stimmigkeit der Stimme ein Leben lang vorprogrammiert.

Gott spricht zu mir an jedem Tag meines Lebens: „Ich bin bei dir". Gott wohnt in meinem Herzen. Er spricht Leichtigkeit in meinen Alltag hinein. Er setzt reiches Leben frei. Es ist Überfluss und Fülle an absolut allem vorhanden, das ich gerade jetzt in meinem Leben benötige, um ein Leben zu leben, das Gottes Plan für mich entspricht und IHN ehrt.

Lied: Not to us

Not to us, o Lord,
not to us, but to your name be glory,
all glory because of your love,
because of your faithfulness.
Not to us, o Lord,
but to your name be glory, all glory!

We cannot heal the wounded hearts that cry out to you.
But we can show the way to everlasting life.

We cannot save this world from all hurt and pain.
But we can be a light and lead the way to Christ.

(c) Janz Musikverlag adm. by Gerth Medien Musikverlag, Asslar
T.+M.: Kay Wächter
Dieses Lied ist auf der CD „He fills my heart" zu hören.

Prolog

Du hast bestimmt manches erlebt, das dem Meinen ähnlich ist. Ich hoffe sehr, dass ich dich dazu anregen konnte, Gott für dein Leben zu danken. Das Leben hält so viele wunderbare Geschenke bereit. Gleichzeitig ist es jedoch nicht möglich, als Mensch zu leben, ohne zu sündigen oder ohne in der Seele verletzt zu werden. Es war schwierig für mich, dieses Buch zu schreiben ohne darauf aufmerksam zu machen, wie ungerecht, schmerzhaft und schlimm vieles war, das parallel zu dem geschah, was in diesem Buch beschrieben ist. Erst nach einem Prozess der Vergebung und Heilung war es mir möglich, die schlimmen Erlebnisse ruhen zu lassen. Das Leben, mit der Botschaft, die ich vertrete, der Gesang und die Lieder (wie auch die Lieder meines Mannes), sind stark.

Ich singe für dich und gebe dir somit Gott und seine Zusagen mit auf deinen Weg! Er ist die Quelle des Lebens, des Wohlbefindens, der Musik und des Gesangs.

Dank

Ich danke meiner Familie, dass sie mich für das Schreiben freigestellt hat. Danke Gabriele, Alexandra und Ulrike, für eure guten Anregungen und sprachliche Korrektur. Danke auch an alle, die gut über mich und meine Arbeit sprechen. Das ist in der Tat Segen für mich.